戦後国語(科)単元学習の
出発とその去就
―― 山口県における実践営為を中心に ――
〈説述編〉

加 藤 宏 文

溪水社

ま え が き

　戦後半世紀余、私たちの先学とその学習者たちとは、とりわけ初めの10年余、真の単元学習・国語（科）教育とは何かを、真摯に探究しつゞけてきました。山口県を中心とした出発とその去就とについては、本著「本文編」と「資料編」とで、論じてきました。この時期は、私にとっては、ほゞ小（国民）学校から高等学校までの学習者生活に相当します。つまり、そこで培われた「学力」を礎にして、私の「国語（科）教育」実践とその研究とが、出発したことになります。

　この「説述編」では、この実践研究個体史を踏まえて、実践人として先学とその学習者たちに、何を学ぶべきかについて、今日の状況の中から、説述することにします。その体系は、「本文編」および「資料編」に即しています。中で、説述のための学習（教）材を、自在に開発しながら展開することに努めました。第Ⅰ章以下は、できるだけ１つの問題点に絞り、ほゞ次の４つの構造で、記述していきます。「本文編」「資料編」と照らし合わせていたゞければ、幸甚です。

(1)　「本文編」の同節の内容の構造・要点を、今日の視点から確認する。
(2)　同中心「資料」に学ぶ。
(3)　現代の実践上の問題点を、浮き彫りにする。
(4)　学んでの実践例を、提案する。

目　　次

まえがき ……………………………………………………… i

序章　私は、何を求めつゞけているのか ………………… 3

序節 ……………………………………………………………… 3
　　はじめに　3
　　1．学力観の集団吟味を　3
　　2．学習（指導）目標の確認を　4
　　3．発問体系の確立を　5
　　4．「平等」から「対等」へ　5
　　おわりに　6
第1節　ことばにとって、「沈黙」とは、何か ……………… 6
　　はじめに　6
　　1．ことばには、4つの機能がある　7
　　2．「沈黙」は、生きて働いている　10
　　3．「沈黙」に極めて近いことばを、「きく」　13
　　4．「沈黙」を、共有する　16
　　おわりに　20
第2節　価値ある主題(学習指導目標)で、単元を統合する …… 21
　　はじめに　21
　　1．「ことば」にもぐりこんで、落ちる　22
　　2．ことばが学習（教）材となるとき　25
　　3．「価値」において、学習（教）材を透視する　28
　　4．主題文を、創る　31
　　おわりに　34

第3節　1つことばを「価値」において捉え、語彙を豊かにする … 35
　　はじめに　35
　　1．私たちは、何を「きい」ているのか　36
　　2．ことばを「きく」　38
　　3．「きヽ」合う　41
　　4．1つことばの「価値」に「きく」　44
　　おわりに　47
第4節　「きく」からこそ、問える ……………………………… 48
　　はじめに　48
　　1．「たまらなさ」の持続　49
　　2．発問体系への拠点　53
　　3．問いを重ねる　54
　　4．確かで豊かな発問の生成へ　57
　　おわりに　60
結語 ………………………………………………………………… 61

第Ⅰ章　「新教育」は、どのように出発したのか ………… 65

第1節　何が、問い直されようとしたのか ………………………… 65
　　はじめに　65
　　1．ある学習指導の場面から　66
　　2．4つの課題　67
　　3．今日への教訓　68
　　4．私の実践例　69
　　おわりに　70
第2節　「カリキュラム」の創造には、
　　　　　どのような問題があったのか ……………………………… 70
　　はじめに　70
　　1．「またぐ」から「あるく」へ　70

2．「生活綜合」と「基礎学力」　71
　　3．今日の「学力重視」論　72
　　4．「生きる力」とは、何か　73
　　おわりに　74
　第3節　「児童生徒の側に立つ」………………………………… 74
　　はじめに　74
　　1．「相互依存の社会性」　75
　　2．個性と社会性　76
　　3．知の一極集中　77
　　4．「児童生徒の側に立つ」　78
　　おわりに　79
　第4節　「問題解決学習」は、どのような壁にぶつかったのか … 79
　　はじめに　79
　　1．何が「問題」なのか　79
　　2．「個性化、個別化」との落差　80
　　3．「総合的な学習の時間」のために　81
　　4．私の確認　82
　　おわりに　83
　結語 ………………………………………………………………… 83

第Ⅱ章　「経験」は、なぜ「教科」と対立したのか ……… 87

　第1節　「経験の組織化」か、「組織の経験化」か ……………… 88
　　はじめに　88
　　1．表現への昇華　88
　　2．「生活課程」と「研究課程」　89
　　3．「総合」を求めて　90
　　4．「価値」ある指導目標を　91
　　おわりに　92

第2節　国語（科）教育の独自性は、どこにあったのか ……… 93
　　はじめに　93
　　1．ことば「道具」観　93
　　2．「中心」にとっての「周域」　94
　　3．「生きる力」への展望　95
　　4．学習指導目標と焦点のことば　96
　　おわりに　97

第3節　「国語単元学習」は、どのように展開されたのか …… 97
　　はじめに　97
　　1．非連続の連続　97
　　2．教科書を生かす　98
　　3．学習（教）材開発自在　99
　　4．主題単元の展開　100
　　おわりに　101

第4節　「表現学習」は、手段か目的か ……………………… 102
　　はじめに　102
　　1．手持ちの観念　102
　　2．「まとまりの急所をつく」　103
　　3．随所に「緊張関係」を　104
　　4．さゝやかな存在の中に　105
　　おわりに　106

　結語 …………………………………………………………………… 106

第Ⅲ章　「個性」は、どのように尊重されようとしたのか… 109

　第1節　「個性」を「誘導」する ……………………………… 110
　　はじめに　110
　　1．「理解」することと「納得」することと　110
　　2．「経験の伸張と拡充」　111

3．「個性」の2極化　112
　　　4．違いを生かす　113
　　おわりに　114
　第2節　「機能的主題」を、設定する …………………… 115
　　はじめに　115
　　　1．「心の奥深くに」　115
　　　2．「言語要素」を考慮する　116
　　　3．統合力としての「価値」ある「主題」　117
　　　4．主題単元学習と「個性」　118
　　おわりに　119
　第3節　創作活動に、「個性」をきく …………………… 120
　　はじめに　120
　　　1．学習者の「内的経験」を知る　120
　　　2．「表現」多彩　121
　　　3．揺さぶり合う　122
　　　4．多彩な「創作活動」　123
　　おわりに　124
　第4節　「個性」を「評価」する …………………… 124
　　はじめに　124
　　　1．「連発」されることば　124
　　　2．「評価」の方法　125
　　　3．「評定」との峻別　126
　　　4．1歩先を　127
　　おわりに　128
結語 ……………………………………………………………… 129

第Ⅳ章　「学力低下」の批判に、どう対応したのか …… 131

第1節　「基礎学力」とは、何か ……………………………… 132
はじめに　132
1．「根」っこにある力　132
2．「批判」の矛先　133
3．「国語」学力の構造　134
4．「基本」に生きる「基礎」　135
おわりに　136

第2節　「基礎学力」は、どのように養成されたか …………… 137
はじめに　137
1．異質の「楽しさ」　137
2．「能力別学習指導」への傾斜　138
3．「能力」の多様性　139
4．「価値」としての拠点　140
おわりに　141

第3節　「ドリル」に、なぜ傾斜したのか ……………………… 141
はじめに　141
1．絶えず始まる　142
2．「用具」としての「練習」　143
3．開かれた「練習」　144
4．「ドリル」を生かす　145
おわりに　146

第4節　力が、なぜつかないのか ……………………………… 146
はじめに　146
1．「意味が意味にならない世界」　146
2．「新しい人間像」　148
3．「全国学力テスト」案　149

4．「目標」としての学力　150
　　　おわりに　151
　結語 …………………………………………………………… 151

第Ⅴ章　「修正」に追い込まれたのは、なぜか …………… 155

　第1節　どこが、「修正」されねばならなかったのか ………… 156
　　　はじめに　156
　　　1．「コア・カリキュラム」の実際　156
　　　2．「修正」の構造　157
　　　3．問題意識の組織化力　158
　　　4．「組織化力」を求めて　159
　　　おわりに　161
　第2節　「生活カリキュラム」を、創造する …………………… 161
　　　はじめに　161
　　　1．「課題」と「実態」と　161
　　　2．「内容」と「方法」と　162
　　　3．「実践目標」への視点　163
　　　4．「実態」からの「目標」創造　164
　　　おわりに　165
　第3節　「綜合的学習」か「教科的学習」か ………………… 166
　　　はじめに　166
　　　1．「手づくりの授業」　166
　　　2．無理のない「教科の統合」　167
　　　3．「総合的な学習の時間」　169
　　　4．「動的把握」の「総合」　170
　第4節　「用具的使命」か、「文化価値追求の使命」か ……… 171
　　　はじめに　171
　　　1．事実、歴史的事実・個性、愛情　171

ix

2．「国語教育本来の姿」　172
　　3．「ゆとり」と「学力向上」と　173
　　4．「ことばを通す」　174
　　おわりに　175
　結語 …………………………………………………………… 176

第Ⅵ章　「新教育」は、どのように変質していったのか …… 179

　第1節　「実践」が、理念を突き動かした ………………… 180
　　はじめに　180
　　1．「言葉のひとり歩き」　180
　　2．「教育的交渉」　181
　　3．実践側の力量　182
　　4．実践の拠点　183
　　おわりに　184

　第2節　「評価」は、どう揺れ動いたのか ………………… 185
　　はじめに　185
　　1．「理解」の彼方に　185
　　2．「評価」の理念と方法　186
　　3．存在と可能性　187
　　4．心・ことば・関係・行方　188
　　おわりに　189

　第3節　「自主的仕事学習」は、何を求めたのか ………… 190
　　はじめに　190
　　1．「事実」と「問題」　190
　　2．「問題解決」とその「展開」　191
　　3．「体験的な学習」、「問題解決的な学習」　192
　　4．国語科における「問題解決的な学習」　193
　　おわりに　194

第4節 「集団思考」は、どのように求められたか ……………… 195
 はじめに 195
 1.「もっとたくさんのことを」 195
 2.「集団思考力養成の立場」 196
 3.「思考していく型と流れ」 197
 4.「論述」への「集団思考」 198
 おわりに 200
結語 …………………………………………………………………… 200

終章　「新教育」は、捨て石だったのか……………… 203

第1節　壁は、どこにあったのか ………………………………… 204
 はじめに 204
 1.「雪崩のとき」 204
 2.「僅かばかりの新しい建設」 205
 3.「言語」・「総合」・「集団」 206
 4.「読み取る」と「察する」と 207
 おわりに 208

第2節　「統合」の精神は、なぜ貫かれなかったのか ………… 209
 はじめに 209
 1.「私の受けた国語教育」 209
 2.「思想がない」 210
 3.「機能的作文」指導 211
 4.1語を通して 212
 おわりに 213

第3節　「分化」の弊に、「綜合」の糸口をつかむ ……………… 214
 はじめに 214
 1.2つの「分化」 214
 2.「分岐的全体者」 215

3．「留保の言葉」　216
　　　4．「学校生活三分割案」　217
　　　おわりに　218
　第4節　内発的な探究の精神に、学ぶ …………………………… 219
　　　はじめに　219
　　　1．「感化」と「模倣」との区別　219
　　　2．内発的な学習指導の場　220
　　　3．「専門知とは違う切り口」　221
　　　4．私の実践　222
　　　おわりに　224
　結語　……………………………………………………………………… 224

戦後国語(科)単元学習の出発とその去就
——山口県における実践営為を中心に——
〈説述編〉

序章　私は、何を求めつゞけているのか

序節

はじめに

詩人早瀬秀は、「話しかける」と題して、こう歌い上げています。
○　かの女の頭の中には　／　序列のものさしが組みこまれているらしくて　／　たちまち　／　わたしのことばを測ってしまう　／　わたしのことばは　／　きれいに整理されて　／　かの女の序列の棚に分けられる（第2連抄出）[1]

居所を失った学習者たちが、「教室」に背を向けています。何事もなくちんまりと収まっているかのように見える学習者たちも、「序列の棚に分けられ」た自己から、懸命に目をそらすことによって、やっといびつな均衡を保っています。

この「序列のものさし」から、指導者自身も、自らを解放して、学習者とともに、「問題解決力」「自己学習力」をこそ、「協同学習」の場で、何とか保障できないものでしょうか。その突破口は、状況の中で、どこにあるのでしょうか。求めてきました。

1．学力観の集団吟味を

国語科は、学習者に、どのような「生きる力」を保障することができているのでしょうか。

今や、外発的に、「問題解決学習」「総合的な学習の時間」などといった

ことばが、飛び交っています。そのまゝに、私たちの「学校」や「教室」は、混迷をさらに強めているのではないでしょうか。そのような「時間」で育むことのできる「力」とは、いったい何であるのでしょうか。言われてきて久しい「ことばを通して生きぬく力」とは、いったい何なのでしょうか。

　「基礎・基本」と言われます。国語科が独自に受け持つべき「基礎」学力が、あります。しかし、それは、混迷する状況の中で、易しさのみを指向してよいものでしょうか。全教科はもとより、全学校生活の中で、支え育まれるべき「基本」学力へと、それは、突き抜けられなければなりません。1つことばが、学習者を突き動かし、自己凝視・自己確認・自己変革・自己発見・自己表現へと誘うためには、このような学力の構造が、指導者集団の中で、まずは吟味し直されなければなりません。

　２．学習（指導）目標の確認を

　今日1日、こんなことばに出会ったから、こんな1言を表出することができたから、絶望や挫折は経たけれども、破滅することはなかった。——だからこそ、やがて、その1言が、確かに自己の「生きる力」を支えていくことに気づきます。「ことばを通して」を煎じ詰めていけば、このように念じられます。

　すると、「基礎」学力として、従来指導の中心に据えられてきた「知識」や「技能」止まりの学習（指導）目標は、どうしても打ち破られなければならなくなります。段落に分けることも、指示語を押さえることも、すぐさま心情をと問うことも、品詞分解に専念することも、その向こうには、「価値」としてのことばが、見据えられていなければなりません。

　それは、学習（教）材そのものが提起している主題や、学習者が心底希求している主題、そして、それらを射程に入れた指導者集団が、学習（指導）目標として見定めることのできた1つことばの「価値」としての重みです。それが、指導者集団の中で、確認されているでしょうか。

3．発問体系の確立を

「きく」からこそ、問える。——「きく」ことが疎かであるために、どれほど空疎な「発問」が、学習者たちをいびつにしていることでしょう。

皮相な次元でばかりが、学習者の「興味・関心・意欲」をかき立てようとしてはいないでしょうか。「教室」は、一見「活性化」してはいるようです。しかし、それは、えてして刺激の度合いのエスカレートをのみ要求して、いわゆる「活動あって、学習なし。」の弊を生んではいないでしょうか。学習者の「はい、はい、はい。」が、気になります。

「学習者中心」と言うからには、1人ひとりの学習者の、実は心底求めている本物の「価値」へと、揺さぶらなければなりません。どんなに浅い「理解」の反映ではあっても、その学習者の出発点は、そこ以外にはないのですから。——「あなたの言うことは、よくわかります。でも、そこで止まっていては、もったいない。1歩先、こゝへ挑戦してごらん。」

発問は、それぞれの出発点を、「集団思考」「協同学習」の場に的確に位置づけ、揺さぶり合う中で、それぞれの1歩先への変革の道筋を、指し示す体系でなければなりません。

4．「平等」から「対等」へ

1人ひとりの学習者が、かけがえのない独自性・個性の持ち主として、その居所と役割とを確認できているでしょうか。多くの学習者の発言をたゞたゞ板書し列挙して、「みんな違ってみんないい。」との曲解で、済ましてはいないでしょうか。

「自己学習力」の前提には、「思考・認識・創造」の機能においてこそ、ことばが関わりつゞけなければなりません。中では、共通点に安住するのではなく、微妙ではあっても相違点にこそ、注目して、「比較」「選択」「構造化」などの「認識」力が、鍛えられなければなりません。そこでこそ、

学習者は、自己凝視・自己確認・自己変革の場を保障され、主体的となるのです。

「ゆとり」は、このような時間を保障することです。そこでこそ、必然の「クロスカリキュラム」が求められ、「問題解決的な学習」や「総合的な学習の時間」も、内発的に求められ、創造的な学習指導が芽生えてくるのです。その根底には、「平等」観止まりに安んじはしない「対等」観が、求められています。

おわりに

詩人新川和江も、「わたしを束ねないで」と題して、こう歌い上げています。
  ○ わたしを名付けないで ／ 娘という名 妻という名 ／ 重々しい母という名でしつらえた座に ／ 坐りきりにさせないでください わたしは風 ／ りんごの木と ／ 泉のありかを知っている風（第4連抄出）[2]

第1節　ことばにとって、「沈黙」とは、何か

はじめに

栗田勇氏は、西洋音楽の「音の衣装をひきはがし」、「裸形の音をとりもどし」た世界を、次のように指摘し、評価しています。
  ○ ここでは、音楽は、感情を伝える道具ではない。音楽は、表現の手段ではもはやない。音に分解されたひびきのなかに、奏者も聴者もともにつつみこまれる。人間が音をつかって人間に訴えるのではなく、音響が、ばらまかれ、拡がり消えてゆく、ひとつの空間が成立する。人は、そのなかにいる。意味論から存在論への転位ということになる

だろう。だから、その音の集合はひとつの意味をつたえるというより、意味にとらわれている私たちの存在を目覚めさせ解放する。／そのとき、では、私はなにをきいていたのだろうか。限りなく広がる、音響の散乱のなかで。今にして想えば、私は音響のなかでひとつの沈黙にききいっていた。音響の只中で、ひとつの静寂に身をひたしていた[3]。

栗田勇氏は、「音響」を、「現代に生きている人間の空間体験の表現」としています。そこには、「乱打」もあり、「中断」もあり、「極微の音」、さらには「沈黙」がある、と考えています。その上で、さらに次のようにも述べています。

○ 私たち日本人の音の世界では、音の鳴っている間よりも、そのあとにおとずれる沈黙の空間への没入、その共通の体験こそ身近なものであった。現代の世界の音楽は、いまその途をたどりつつあるのではないだろうか。

ことばによる「伝え合う」世界も、その前提として、このような「沈黙」を共有する場の確認が求められているのではないでしょうか。ことばにとっての「沈黙」は、決して何もないことではなく、そこにこそ創造の母胎があるのです。

1．ことばには、4つの機能がある

マックス・ピカートは、「沈黙」は、今日、「騒音」の中断にのみ成り下がってしまっている、と次のように指摘しています。

○ 今日では言葉の沈黙の（中略）世界からはるかに遠ざかってしまっている。言葉は、ただ騒音から発生し、騒音のなかで消えうせて行くだけである。沈黙は今日ではもはや独自の世界ではない。沈黙は単に、まだ騒音がそこまで侵入していない場所であるにすぎない。それはただ騒音の一つの中断にすぎないのである。騒音の装置が一瞬間だけ活動を停止する──それが今日の沈黙なのだ。つまり、活

動していない騒音なのである[4]。

　私たちは、何か声や音を「聴い」ていないと、落ち着きません。テレビやラジオの秒刻みでのそれらの充満にのみ、病的な「安心感」を持たされるまでに、なっています。そのような中で、偶然、そのような条件の外に出たとき、思わぬ充実感を味わうこともあります。「沈黙」を、単なる「騒音の中断」とのみ考えていた心には、大きな自己変革が求められてきます。そうだとしたら、「沈黙」には、「騒音」が排除されたあとの、何があるのでしょうか。

　「沈黙」は、「旅」に似ています。「旅」とは、日常から降りることです。「旅の名人」と言われた井伏鱒二に、次のような逸話があります。ある夏、荻窪の自宅から、伊豆半島の先端まで、浴衣がけに釣り竿１本かついで、何時間も汽車に揺られて、「旅」をしたそうです。約束の旅館に着いてみると、女将の言うよう、「今日は、井伏鱒二という有名な作家さんがいらっしゃるので、一見さんはお断わりします。」と。それを聞いた井伏鱒二は、「はあ。」と一言言って、またごっとんごっとん汽車に揺られて、荻窪へ帰ったそうです。太宰治が、「旅」の名人として、紹介している話です[5]。日常の「中断」ではなく、きっぱり「降りる」ことに、意義があるのです。私たちは、「情報化社会」の坩堝の中で、「データ」や「インフォメーション」まみれから、「降りる」術を、錬磨しなければなりません。

　また、国語教育学の大先達・垣内松三氏は、名著『国語の力（再稿）』で、「沈黙の深層」について、次のように説いています。

　　○　言語は先ず聴かれて、それから語られるものである。傾聴と共に開
　　　始される生きた談話への交流は、児童の言語発達の真相であって、決
　　　して妨げられてはならない。何人も経験するやうに、最も重大なこと
　　　を語る時の言葉と、それに聴き入る心に響く言葉との交渉は、沈黙の
　　　心位から生まれて、沈黙の心位へ反響する律動である[6]。

　「読解」の世界に拘泥してきたことを反省した私たちは、夙に「音声言語」の大切さに、気づいてはいます。しかし、それは、とかく「外言」の、それも機器に乗せることのできる側面のみを、分析的・効率的に処理しよ

うとしてはいないでしょうか。垣内松三氏の言う「生きた談話」や「聴き入る心に響く言葉との交渉」が内包する価値をこそ、ざるの目からこぼしてしまっているのではないでしょうか。「沈黙」の心位を、共有したいものです。

垣内松三氏は、さらに、同著で、「沈黙の三層」としての「沈黙の力」を、説いています。

　○　（前略）従って言葉は三重に沈思せられなければならぬ。ただ、他の人々に対して沈思して傾聴し、生を制約する偉大なる強制に対して沈思して直視し、更に、正に緊要な営為を沈思して実行することを為し能ふ者のみが、民族のすべての沈黙の深層から民族の言葉を打開することができ、そこから愛の力と、信の力と、誠の力とをこの世にもたらすことができると考へられる。

こゝには、「きく」ことが、⑴　「たゞ傾聴する」　⑵　「直視する」　⑶　「実行する」の「三層」を内包していることを、明らかにしています。⑴は、自己否定を前提にしています。また、⑵は、歴史としくみとの交点としての状況の中で、自己凝視や自己確認をすることにも、当たりましょう。さらに、⑶こそは、その状況を「生きぬく」ことを求めています。私たちは、このような「沈黙」の中の「三層」に支えられたことばの「交流」をこそ、「生きた談話」として創造したいものです。「沈黙の力」こそが、ことばを支えているのです。

このような「沈黙」の「深層」を母胎としたことばには、4つの機能があります。

1つは、「伝達」です。私たちの日常の言語生活は、音声言語にしても文字言語にしても、ことばとして立ち現れてきた限りにおいては、大方この次元で捉えられ、論われています。「聞く」や「聴く」は、この機能を表面的に捉えての議論に、陥りがちです。もちろん、これはこれで、誤解や曲解を許さない表現として共有されることが、求められます。こゝを拠り所としてこそ、「伝え合う」場は、初めて成り立つこと、申すまでもありません。

2つは、「思考」です。先の「伝達」が形をとって成立するためには、先の「沈黙」の世界で、あゝでもない、こうでもない、との試行錯誤が、保障されねばなりません。そうであってこそ、まっとうな表現が可能になりますし、そこでのじっくりとした吟味こそが、「理解」そのものなのです。「沈黙」に「きく」ことは、まずは、ふと立ち止まってのこゝからの出発でなければなりません。私たちは、とかく速さと効率とを第1に考えさせられがちなものですから、こゝを負に評価しがちなのではないでしょうか。

　3つは、「認識」です。先の「思考」は、外なる存在との関係において、自己凝視を求めます。外からやって来る知識や技能やの次元での「情報」を、そのまゝ受け止めるだけでは、「認識」は深まりません。データとしての事実を、どう受け止めるのか。どう組み合わせて、インフォメーションとするのか。さらには、自分独自の課題意識に基づいて、そこから、どのような自己確認を、新たにしていくのか。自分探しが、求められます。

　4つは、「創造」です。先の3つの過程を経てこそ、私たちは、自己変革を確認し、自ら発信することのできる独自の情報としてのインテリジェンスを、ことばとすることができるのです。自己学習力、すなわち知識の再構築による「価値」は、こゝに至って、初めて達成されるのです。「生きた談話」は、こゝに成立するのです。

　このように、ことばには4つの機能があって、それらは、ことばにとっての「沈黙」の世界と、動的な構造において切り結んでいるのです。言語生活の確かさ・豊かさは、この機能如何に関わっているのです。ことばにとっての「沈黙」の意義は、こゝにあります。

　2．「沈黙」は、生きて働いている

　詩人壺井繁治に、「黙っていても」という題の4行1連の詩があります。
　○　黙っていても　／　考えているのだ　／　俺が物言わぬからといって　／　壁と間違えるな[7]

私たち指導者は、えてして、いつも「はい、はい！」と挙手をする学習者を、意欲や関心や態度などの点で、評価しがちです。挙手するということが、即、熱心に考えていることの表れである、と受け止めがちではないでしょうか。と言うことは、逆に、手を挙げることのない学習者を、わかっていない、考えていない、と取り成してしまっているのではないでしょうか。
　また、詩人茨木のり子に、「言いたくない言葉」という詩があります。
　○　心の底に　強い圧力をかけて　/　蔵ってある言葉　/　声に出せば　/　文字に記せば　/　たちまち色褪せるだろう　//　それによって　/　私が立つところのもの　/　それによって　/　私が生かしめられているところの思念　//　人に伝えようとすれば　/　あまりに平凡すぎて　/　けっして伝わってはゆかないだろう　/　その人の気圧のなかでしか　/　生きられぬ言葉もある　//　一本の蝋燭のように　/　熾烈に燃えろ　燃えつきろ　/　自分勝手に　/　誰の眼にもふれずに[8]

　学習者は、その「心の底」、つまりは「沈黙」の中に、自分の「気圧のなかだけでしか　/　生きられぬ言葉」を、握り締めているのです。正直に自己凝視をして、発問に対決していればいるほどに、「けっして伝わってゆかない」何かと、向き合っているのです。このように、発問そのものに対決することに懸命な学習者と、指導者の、もしかしたら皮相な問いかけに、調子を合わせるだけに長けている学習者と、どちらが評価されているでしょうか。「沈黙」が生きて働いていることの意義を、学習指導の基盤に引き据え直したいものです。
　茨木のり子には、また、「聴く力」という題の詩があります。
　○　ひとのこころの湖水　/　その深浅に　/　立ちどまり耳を澄ます　/　ということがない　/　風の音に驚いたり　/　鳥の声に惚けたり　/　ひとり耳そばだてる　/　そんなしぐさからも遠ざかるばかり　/　小鳥の会話がわかったせいで　/　古い樹木の難儀を救い　/　きれいな娘の病気まで治した民話　/　『聴耳頭巾』を持ってい

た　うからやから　／　その末裔は我がことにのみ無我夢中　／　舌ばかりほの赤くくるくると空転し　／　どう言いくるめようか　／　どう圧倒してやろうか　／　だが　／　どうして言葉たり得よう　／　他のものをじっと　／　受けとめる力がなければ[9]

　湖水の深い底には、人知を超えた神秘が宿っているのではないか。また、湖面が、あるかなきかの微風に「きゝ」耳を立てては、こまやかに反応の小波をきらめかす。——私たちは、自他ともどもの心の「深浅」に、このような思いを持たなくなってしまっているのではないでしょうか。「じっと」「受けとめる」ことによって育まれることばの力を、失ってしまっているのではないでしょうか。先ほどの「言いたくない言葉」が、他者の「心の湖水」に蔵されていることにも、気づくべきではないでしょうか。茨木のり子は、2つの面から、ことばにとっての「沈黙」の意味を、説いています。

　1つは、学習者ともども、「沈黙」が、学習（指導）に何を要求しているのかを、誠実に見据えることができるかどうかです。砂を嚙むように、マニュアルにのみ従って、走ってはいないでしょうか。2つは、その「沈黙」が、自身と同様に、他者にとっても、大事な意味をもって「生きて働いている」ことを、確認し合うことです。

　そうなると、「伝わってはゆかない」価値と、「じっと受けとめる」努力とが、指導者の学習指導目標を見据えた揺さぶりによって、漸く接点を見出すでしょう。その上でこそ、集団思考の意義を、確認し合えるようでありたいものです。口数少ない学習者のひと言が、みんなの中で豊かな波紋を広げるようでありたいものです。

　しかし、私たちは、このような「沈黙」への注目とその確認とを、状況の中で疎外されがちです。「情報化社会」というお題目が、そのような「道草」や「試行錯誤」を許さないのでしょうか。

　　○　感情がまだ湧いてくるのを知りながらワープロを切り気持ちを区切
　　　る　高野和夫　朝日歌壇　1995年10月22日

　「感情」は、「沈黙」から「湧いてくる」のです。その「沈黙」は、そ

の「気持」を「区切る」ことを、決して許さないはずです。ところが、原稿用紙に、書いては消し、書いては消して、「沈黙」に極めて近い表現を、体ごと求める余裕など、忘れてしまっています。「違う、違う。」と知りながら、ついつい妥協してしまいがちです。「生きて働いている沈黙」に密着したことばこそが、「区切」られることなく発信されたいものです。

　○　命綱のごと携帯握りしめ恋を失いかけている深夜　川西直美　朝日
　　　歌壇　1999年7月4日

　しかし、「失いかけている」「恋」ほどの真剣な世界も、その成否をかける「命綱」を、「ワープロ」同様に、「携帯」になお求めるしかないのが、今日の状況を鋭くえぐり出しています。こゝでは、生身の人間同士が、「沈黙」を共有し合うことによって、「恋」を再生させる道が、閉ざされてしまいそうなのです。「命綱」が「携帯」であることの虚しさを、この作者は今嚙み締めながら、それでもなおそれを「にぎりしめ」るしかないのでしょうか。

　学習者の多くは、そして指導者もが、「便利」と「速さ」とを、経済効率のみを基準にして追求するしくみにより、もっと豊かな価値を分かち合えるはずの「恋」を、失いつゝあります。学習者たちは、そのことを、おかしいと思い始めています。本当の価値あるものとの出会いを保障すれば、本気で求めてくるはずの本物をぶつけて、学習者が、それとどのように切り結ぶ出発点にいるのかを、まずは確認したいものです。その上で、そこに到達していることを「きゝ」分けたら、もう一歩先のより高い価値を目指すよう、「沈黙」に揺さぶりをかけねばなりません。

　3．「沈黙」に極めて近いことばを、「きく」

　大村はま氏には、「心を語るひびき」という次のようなお話が、あります。
　○　国語の学習として、聞くことに関係して、身につけなければならな
　　い力がたくさんありますが、その、いちばんもとに、ひとのことばの

ひびきの中に、その人の心を悟るということがあるのです。そうして、そういうことのできる人が、ひとの深い交わりを築いていけるのだと思います。そして、それこそ、しあわせというものです[10]。

　私たちが、他者のことばに接するのは、「沈黙」の深層から滲み出てくる「ひびき」でなければなりません。どんなにかすかであっても、「沈黙」にあるはずの真実は、その「ひびき」を的確に「きゝ」分けることによってしか、捉えることができません。そこにこそ、その他者の、「悟る」べき「心」があるからです。大村はま氏は、「ひびき」を「聞く」ことによって、「深い交わり」即「しあわせ」を共有することができる、と説いてくださっています。

　また、詩人の長田弘は、「黙されたことば」の中で、「そうでなければならない」と歌います。

　○　言葉ではない。／　音なのでもない。／　旋律ですらない。／／言葉から立ちあがってくるもの。／　音の繋がりのなかに立ち現れるもの。／　その旋律が迸りでるもの。／／　そして、そのような　／一瞬の、沈黙。／　その沈黙のなかに閃くもの。／／　リズムだ。――ベートーヴェンが、われわれに　／　至高の贈りものとして遺したものは。／／　リズムだ。――何一つ確かなものはない日に　／　われわれを深く支えてくれるものは。／／　魂に、リズムを彫りこむ仕事。／　ベートーヴェンは記した。音楽は　／　そうなのか？　そうでなければならない[11]。

　私たちは、「沈黙のなかに閃く」「リズム」に、「深く支え」られ合いたいものです。

　では、この「ひびき」や「リズム」は、私たちの前に、どのように立ち現れてくるのでしょうか。「沈黙」そのものは、思考や認識や創造の躍動する世界です。そこに極めて近いことばに、まずは注目できるのではないでしょうか。

　○　言いそびれもう届かない言の葉の供養とも秋の蛍を数う　深津豊子
　　朝日歌壇　1994年10月2日

あれをこそ、いちばん言いたかった。しかし、どうしてもその機会を捉えることが、できなかった。今となっては、季節の終わりがけに、はかなくも残った蛍（「秋の蛍」は、夏の季語）を、1匹、2匹、と数えて、もうすぐ命を終えるものへの、せめてもの供養の心をやるばかりに、似ている。私の言葉も、そのようにして、消えていく。

　○　言いかけてそれきりになった言の葉が舞い降りてくるしんしん雪夜
　　斎藤洋子　同　1994年2月27日
　もう、喉元まで出かゝっていたのに、あの人の前では、どうしても言えなかった。その後、どんなに努力しても、2度とは口にのぼすこともなく、終わってしまった。それは、まるで今夜のしんしんと舞い降りてくる雪のように、私の凍てついた沈黙の心の奥底に、果てしなく沈殿していくばかりである。

　○　はりつめた言葉このまま凍らせて夜に逃がす吾はきみの手の中　瀧
　　川紗冬　同　1995年4月23日
　心の中には、あのとき、ちょっと針ででも突かれようものならば、どっと溢れ出してしまわんばかりの真情が、あったはずなのに。しかし、それは、立ち現れることもなく、そのまゝ凍結させてしまった。その結果は、不本意なことにも、この夜、あなたの思いのまゝに、あいしらわれてしまって、どうすることもできない。

　「言いそびれ」たり、「言いかけ」たり、「はりつめ」たりして、結局は「沈黙」の中に押し戻されてしまったことばは、何だったのでしょうか。それは、音声や文字になっては、ついには聞こえたり見えたりするものには、なり得なかったものでしょう。しかし、そういうところにこそ、真情が秘められている、と知っている人には、「ことばのひびき」や「沈黙の中に閃く」「リズム」を、「きゝ」分ける力があるのではないでしょうか。

　文芸評論家秋山駿氏は、水上勉の「追悼文集」『わが別辞』について、「追悼文」が、「作家のいちばんいい文章では」とし、「こころの洗われる思いがする。なぜであろうか？」と自問し、次のように自答しています。

　○　よく解（わか）ることがあった。こころのもっとも深い部分は沈黙

であるが、言葉が、その沈黙の縁から切り採ってこられるからだ。／　ひとりの人間が、本当に、こころを明かしながら相手のもう一人の人間に語りかける。追悼が、そういう文章の場であった。これは文学の一つの源泉ではなかろうか。真率なものの流れが人の心を打つ。／　また、こんな光景もある。水上勉氏が吉田健一と出会って同席したのは、ただ一度、わずかな会話だけであった。にもかかわらず、深い文章が成立する。それは水上勉氏が、ただ一点、文学の髄と髄との交流という一点だけを、見詰めているからである。文章の髄の感触が伝えられてくる[12]。

　秋山駿氏は、水上勉の「追悼文」に、「こころの洗われる思いがする」わけを、そのことばが、「沈黙の縁から切り採ってこられるから」、と捉えています。すなわち、秋山駿氏は、水上勉の「沈黙」に極めて近いことばを、否、「沈黙」そのものを、「きく」ことができているのではないでしょうか。「心洗われる」わけです。一方、このような「きく」力が、「きゝ」手よって発揮されるには、当然のことながら、表現者である水上勉が、「本当に、こころを明かしながら相手のもう１人の人間に語りかけ」たからに、他なりません。「表現」する者と「理解」する者とが、「沈黙」を共有することのできた典型を、こゝに見ることができます。また、この根底には、水上勉が、吉田健一との「会話」において、「一点」、相手の「沈黙」に分け入って、「髄と髄との交流」を成立させていたからに、他なりません。

　私たちは、このような優れた「きゝ」方の典型に学びながらも、秋山駿氏の言う「感触」を探る糸口を、たとえば「つぶやき」や「さゝやき」など、決してあからさまではないことばに、むしろ注目する習慣をつけてみては、どうでしょうか。「沈黙」に極めて近いことばに、「きゝひたり」「きゝ分ける」力を、磨き合いたいものです。

　４．「沈黙」を、共有する

　詩人くどうなおこに、「おいで」という可愛い詩があります。作者名は、

「ふくろう　げんぞう」となっています。
　○　さびしくなったら　おいで　／　わたしの　みみが　／　はなしあいてになろう[13]
　「みみ」が、「はなしあいて」になる。「くち」が、ではないのです。あのミヒャエル・エンデの『モモ』のモモちゃんのように、じっと「き丶ひたり」、「き丶分け」て、そこで初めて「さびしさ」を共有し、だからこそ、支え合って状況を生きぬくことができるのです。状況は、いつの時代でも、どこででも、口角泡を飛ばす議論の中では、自己主張に躍起になるばかりで、ふと気づくと、お互いに重い疲労感ばかりが蓄積してしまって、かえって一層の不幸をのみ生み出してしまっています。この詩は、作者が「ふくろう」であるというゆかしいイメージとともに、「沈黙」を共有することの意義を、的確に教えてくれています。
　○　ささやける風にもさとく犬ふぐり　甲藤卓雄　朝日俳壇　1999年6月6日
　この句には、「沈黙」に極めて近い風の「ささやく」声を、耳聡くき丶分けることのできている世界が、あります。表現者は、「風」、「享受者」は、「犬ふぐり」です。さ丶やかな存在同士の見事な対話が、実現しています。私は、ある読書会で、この句を学習（教）材としましたところ、仲間の1人藤井雅子さんが、次の句をぶつけて、さらに揺さぶってくださいました。
　○　気に入らぬ風もあらうに柳かな[14]
　江戸期の仙厓和尚の句です。私は、「ささやく」世界に「さとく」あるべし、という理念ばかりを念頭に、「犬ふぐり」のような「端役」に教えられて、悦に入っていました。藤井雅子さんは、「反極注意」、と一喝してくださったのでした。和尚の「あらうに」は、求めても求め得ない私たちの足元からこそ、「沈黙」の真意を「き丶分け」ているではありませんか。「沈黙」を共有し、「みみ」が「はなしあいてにな」るためには、この2句を統合して理解したいものです。
　また、詩人長田弘は、「風景」という題で、次のように歌っています。

○　あらゆるものが話している。／　誰も聞いていない。／／　意味は言葉を求めているのに、／　言葉にはもはや意味はない。／／　ない意味だけがあるのだ。／　あるべき意味がない。／／　われわれはここにいる。／　われわれはここにいない。／／　こころ寒い野に、／黙せるもののための青い竜胆[15]。

　私たちは、何を「聞い」ているのでしょうか。「言葉」の意味は、なぜ存在そのものの「意味」には、及ばないのでしょうか。実は、私たちが、日常取るに足らないと決めてかゝってしまっているものも、「話している」のです。どんなにさゝやかに見えるものも、その存在しているというまぎれもない「意味」は、それを表現する「言葉」を、必死で求めているのです。ところが、私たちは、そのように決めつけてしまっているがために、そんなものではない「意味」だけを、「意味」として認めてしまっているのです。存在そのものの必死の要求を、無視してしまっているのです。このような相互の関係においては、「われわれ」は、似而非なる「存在」をのみ、「存在」と誤解したり曲解したりしてしまって、「こころ寒い野に」肩寄せ合っているに過ぎないのです。誰からも「聞い」てはもらえないで、「沈黙」を堅持している存在のために、「青い竜胆（りんどう）」が、独り「きゝ」手になってくれているのです。

　どの学習者も、それぞれの２つとない「沈黙」の中で、一生懸命「話し」て生きぬこうとしています。誰にも「聞かれる」ことがなくても、じっとこらえて、「青い竜胆」を求めています。その目標としての「竜胆」を、共有し合いながら、「あるべき意味」のことばを、紡ぎ出し合っていくのが、今日の国語（科）教育に課せられた使命でしょう。それに応えるためには、学習者が、ふとつぶやいたり、止むに止まれず吐露した「さゝやかな」ことばに、ちょっと心の耳を傾け、ふと考えさせられ、ようやくはっとする。そんな日常の積み重ねの中からこそ、押し寄せるものなおなお重いこの状況のたゞ中で、「ことばを通して生きぬく力」を、鍛え合っていきたいものです。「こころ寒い野」だからこそ、一層焦眉の急なのです。

　さらに、心理学者河合隼雄氏は、こう語ります。大学院生のとき、ある

高校で教壇にたっていたことがあったそうです。「教えることに夢中になり相当なエネルギーを使ったものだが」、「熱意がどこかカラまわりして」いたとき、スタニスラフスキーの『俳優修業』(山田肇訳　未来社刊)に、こう学んだそうです。

○　俳優志願の生徒に教師である演出家がいろいろと課題を与えるが、「舞台で、ただいすに腰かけているだけ」というのが、一番難しい。「恋人を待ちあぐねている」などと言われるとやりやすいが、「ただ座っているだけ」というのは、そわそわしてしまってやれない。ところが演出家がやってみようと舞台のいすに座ると、確かにそれは「ただ座っている」という姿がピタリときまっていて、生徒たちは感嘆する[16]。

河合隼雄氏は、これに学んで、「何もしないことが一番難しい」、「あれも教えようこれも教えよう、と動きまわっているよりも、教師は『ただ座っているだけ』の方がはるかに教育的なのではないだろうか。」と述べています。その上で、河合隼雄氏は、教師のピタリとした安定こそが、生徒たちの自主性や自己学習力を保障することを、説いています。もっとも、それは、「生徒の動きを見ていながら、自分の内面では大いに心をはたらかせつつ」であることをも、つけ加えています。この意味で、「ただ座っているだけ」は、学習者と指導者とが、「沈黙」を共有する極致なのです。それは、たゞ単なる受容に止まって、あとは何でもあり、とは違います。

学習者が、どこで、なぜ、「さびしくなっ」ているのかを、まずは理解しなければなりません。その上で、納得するかどうかは、別です。そこからこそ、指導者としての「指導」の責務が、出発します。「君の『さびしさ』は、わかった。しかし、折角そこまで自己凝視・自己確認ができているのだから、その2つとない力で、その先、このことに挑戦してごらん。」——学習者は、だからこそ、「理解」者に励まされて、希望と勇気とを持ち始めるのです。

おわりに

　作家の杉みき子に、『ゆず』という珠玉の物語があります。「雪のしんしんと降る夜道」でのことです。1人の少女が、「おぼつかなげに」「初めて訪ねる親類の家を探している」おばあさんに、出会います。心もとなそうなおばあさんを、少女は、「ひき返して案内に立」ちました。

　○　（前略）「道が細いから、気をつけてね。」　／　声をかけながらふり返ると、老女は早くも、だれかのふみこんだくつのあとの穴につまずいて、よろめくはずみに手に持ったふろしきがほどけたらしい。さっきの果物屋で買ったとみえる大きなゆずが二つ三つ、雪道を転げた。／　少女がいそいで拾い上げ、ふろしきへ返そうとすると、いったん受け取りかけたおばあさんは、何を思ったか、ふと足をとめてつぶやいた。／　「悪いけも、そこまで持ってってくんないかね。おら、手がはじかんで……。」　／　少女は言われるままに、そのゆずを両手にだいて、先に立った。(後略)[17]

　訪ねる家まで案内されたおばあさんは、返されたゆずを受け取りながら、再び前と同じように「つぶやき」ました。明くる日の「美しい星月夜」、少女は、「思わず手ぶくろの手で口の辺りをおおった」とき、「すがすがしいかおり」に、気づきます。「――そうか、これがあのおばあさんのお礼だったのね。」――少女には、このとき初めて、おばあさんのあの「宝石」のような「つぶやき」のことばの意味が、わかったのです。「美しい星月夜」のような物語です。

　「つぶやき」こそが、状況の中で、極めて強く抑制された心のやっとの表現です。そうだからこそ、あだや疎かには「聞く」わけにはいかない重い真情が、託されています。ことばにとって、「沈黙」とは何か。この物語が、如実に教えてくれています。

第2節　価値ある主題（学習指導目標）で、単元を統合する

はじめに

　詩人くどうなおこに、「ねがいごと」というゆかしい詩があります。作者名は、「たんぽぽ　はるか」となっています。
　○　あいたくて　／　あいたくて　／　あいたくて　／　あいたくて　／　…　／／　きょうも　／　わたげを　／　とばします[18]
　この詩を、小学校の4年生が、学習していました。指導者が、「はるかちゃんは、結局、会いたい人（もの）に、会えたと思いますか。」と問いました。すると、ほとんど学習者は、「会えなかった。」と答えました。指導者が「わけ」を尋ねますと、これまたほとんどの学習者は、「きょうも」の「も」を指摘して、「きのうもだったし、あしたも、あさっても。」と説明しました。指導者は、前もって設定していた「正解」が、学習者から自ずと出てきたのに安心したようすで、「そうです。『も』に注目したのは、立派。」としめくゝりました。学習者も、納得の気配でした。学習は、次の学習（教）材へと進みました。
　とすると、この学習（教）材は、4年生の学習者たちにとって、どのような学習（指導）目標のもとに、生かされたことになるのでしょうか。まさか「絶望」のあり方を、こゝから学ぶとでもいうのでもありますまい。少なくとも、参観したかぎりでは、学習者たちのほとんどは、何の疑いも持たずに、この詩を、たゞ通り過ぎてしまったかのようでした。
　この詩の作者を、くどうなおこは、「たんぽぽ　はるか」としています。第2連には、「わたげ」という素材が、そこからの必然性を持って、詠み込まれています。「たんぽぽ」が一見はかなくも「とばし」つづける「わたげ」は、来春、どうなるのでしょうか。学習（指導）の目標は、確かで、「生きる力」に資するものでなくてはなりません。

1.「ことば」にもぐりこんで、落ちる

詩人榊原礼子に、「落ちる」という題の詩があります。
○　すでに作られてしまったことばに　／　わたしがもぐりこんで落ちる　／／　わたしといっても　／　わたしでないわたしであったり　／　わたしを装うわたしであったり　／　これこそわたしよと思いこんでいるわたしであったり　／　はじめて出逢うわたしであったり　／　捨てたはずのわたしであったり　／　わたしの周辺のわたしが　／　すでに決められてしまったことばにもぐりこんで落ちる　／　わたしというひとりひとりが　／　ことばにもぐりこんで落ちる[19]

　私たちは、「すでに作られ」、「決められてしまったことば」に、何の疑問も感じることなく、「もぐりこんで落ちる」日常に、がんじがらめになってしまってはいないでしょうか。学習者が、置かれていて、そこで懸命に真実を求めて「生きぬい」ているにもかゝわらず、指導者自身、この押し寄せるもの重い混迷の状況の中で、自分にとってのほんとうの「ことば」を、握り締めていないのではないでしょうか。榊原礼子が歌い上げているように、さまざまな形を余儀なくさせられているその「周辺のわたし」が、意識的にも無意識的にも、ひとり歩きをしてしまってはいないでしょうか。その結果、「ことば」に「もぐりこんで落ち」てしまっているとしたら、学習指導は、どうなるのでしょうか。

　とすると、学習指導の目標を確かなものにするためには、何を置いても、このような「ことば」の侵略に抵抗して、「もぐりこんで落ち」てしまっている「ことば」の中から、何とかして這い上がらねばなりません。先の「ねがいごと」の場合、何の難しいことばもない、当然だ、と思った途端に、そのレベルの「ことば」に「落ち」て、気づかないまゝに、なりおゝせてしまいます。学習（教）材のことばに、ちょっと立ち止まり、ふと考え合い、はっとするかどうかでしょう。

　また、詩人早瀬秀に、「割る」という作品があります。

○　ことばを二つに割ってみたい誘惑にかられて　／　その夜　／　やみくもに　／　手当たり次第　／　使い慣れたことばを二つに割ろうとした　／　しかし　／　ことばは　／　縦どころか横にも斜めにも割れない　／　どんなに力を入れても割れない　／　わたしのことばをわたしが割るのだから　／　何でもないと思っていたのに　／　思いのほか力がいるのだった　／　わたしの裡に育ったことばなのに　／　一旦しっかりと息づいてしまうと　／もうわたしの手には余って　／　ひとりで生きている　／　そのことに愕然とする[20]

　「国語」にとっての「学力」とは、「ことばを通して生きぬく力」だ、としてきました。とすると、「通さ」れる「ことば」を、自己確認・自己変革の証として、常にその価値を深化させていかねばなりません。先程まで、何ごともなく使い慣れてしまっていたことばが、ある事実や真実やにぶつかったとき、まったく予期もしなかった新しい価値を帯びて「きこえ」てきます。そんな発見が、学習（指導）目標を見据えた上での過程に、求められます。

　早瀬秀は、「使い慣れたことば」を、どうしてもそのまゝにしてはおけなかったのです。いつのまにか、「わたしのことば」であるはずなのに、「わたし」の意のまゝにならなくなってしまっているのに、気づきます。「手には余って」しまう始末なのです。知らない間に、すっかり硬直してしまっているのです。早瀬秀は、この事実に「愕然」とします。

　私たちは、まずは、「わたしのことば」を点検するところから、そして、この「愕然」を共有するところから、出発したいものです。1つことばが、どれほど欺瞞の支えになりさがってしまっているか。それを暴くはずの真実のことばが、どれほど抑圧されてしまっているか。それと同じことばを、わたしたち自身が、どちらの側に立って、「理解」し「表現」しているか。その点検の中からこそ、学習（指導）目標が、初めて立ち現れてくるはずです。学習（指導）目標は、このように、状況の中で、ことばを「割」ろうとする心意気の中で、具体的に定まりましょう。

　ところで、夏目漱石が、『坑夫』の中で、「意味を悟る」について、次の

ように説いています。

> ○　神妙と云ふ文字は子供の時から覚えてゐたんだが、神妙の意味を悟ったのは此の時が始めてゞある。尤も是れが悟り始めの悟り仕舞だと笑い話にもなるが、一度悟り出したら、其の悟りが大分長い事続いて、つひに鉱山の中で絶高頂に達して仕舞った。神妙の極に達すると、出るべき涙さへ遠慮して出ない様になる。涙がこぼれる程だと譬に云ふが、涙が出る位なら安心なものだ。涙が出るうちは笑ふ事も出来るに極ってる[21]。

「神妙」ということばは、今は少し古くなってしまったかも知れませんが、日常誰でも使っていました。しかし、こゝでは、「子供の時」には止まっていないで、「生きぬく」状況のたゞ中で、「極に達する」までの「悟り」の域で、それが握り締められるようになった、と言うのです。学習者にとってのこのような重い価値のあることばが、学習（指導）目標の中核に、据えられていたいものです。混迷する状況の中では、ことばは、このような「悟り」を求めています。

また、漱石は、『行人』の中で、「親しい」ということばの価値について、説いています。

> ○　親しいといふのは、たゞ仲が好いと云ふ意味ではありません。和して納まるべき特性をどこかに相互に分担して前へ進めるといふ積りなのです[22]。

「親しい」ということばは、学習（教）材の中で出会っても、わかりきったことばとして、そのまゝに通りぬけてしまうでしょう。「仲間って、なんだろう。」——たとえばこのような目標に向かう中で、このような漱石の「親しい」考をも、学習（教）材にしてみては、いかゞでしょう。「分担して前へ進める」という指摘は、私たちの学習（指導）の過程に、大きな揺さぶりをかけてくるに違いありません。今日、焦眉の急とされている「仲間」「連帯」「友情」「人類愛」といった大きな目標への一里塚が、このように、ことばに「落ちる」ことなく、「割ろ」うとしつゞける中から、着実に発見されていくことでしょう。

2．ことばが学習（教）材となるとき

　「国語」の「学力」にとって、必須の条件は、「ことばを通して」です。その「ことば」を、どのように共通の場に据えるか。それが、学習（教）材を如何に開発するかに、かゝっています。その条件について、考えてみましょう。

　形の上では、「ことば」でありさえすれば、如何ようなものでも、学習（教）材になるように思われます。しかし、実際には、次の３つの視点からの厳しい吟味を抜きにしては、学習（指導）の目標は、おざなりになり下がってしまいます。

　第１に、その「ことば」に、表現者（作者・筆者）が、どのような主題意識を込めているのか。これを吟味研究することが、まず必要でしょう。先学による作品研究・作者研究などの成果に学ぶのは、これに当たります。

　第２に、学習者が、その「ことば」と、どのような接点を持っているのか、いないのか。それを抜きにしたのでは、学習・指導の場に生きる「ことば」たり得ないでしょう。たとえば、「国文学研究」との違いは、こゝにあります。

　第３には、指導者自身が、虚心坦懐、その「ことば」そのものと、どのような切実な接点を持っているかです。第１と第２とを取り込みながらも、そのどちらかだけに身をすり寄せるのではなくて、自らの主題意識を、しっかりと確立しなければ、「マニュアル」頼りか、学習者任せの放縦かに、流れてしまいます。教（学習）材たる所以です。

　このように、「ことば」が、この３つの条件に適って、学習（教）材となるためには、それぞれの側面での日常的な「きゝひたり」や「きゝ分け」の力が、錬磨されていなければならないでしょう。読書生活をも含めて、作品研究や日常生活語への注目の中から、学習者の日常の学習の場での反応の「ことば」の中から、そして、混迷をつゞける状況の中での、自らの主題意識が、「ことば」を通して、是非ともこのような価値ある学習指導

目標のもとに学び合いたい、とのねらいが、確かめられるでしょう。「基本」学力や「総合的」学力も、これを抜きにしては、空中分解してしまいます。

　学習者は、自らの具体的な生活感に即して、学習（教）材に共鳴したり、疑問を感じたり、反発したりするところから、素朴に出発しようとしています。知識や社会的な経験を踏まえた独自の「理解」には、至ってはいません。しかし、その素朴な力をまずは認めて、それをこそ糸口にして、豊かな思考力・認識力・創造力を、育みたいものです。

　そこには、積極的に理想を求めたい気持ちと、そうとはわかっていても、一歩も踏み出せない自己とが、共存葛藤しています。その後者、すなわち、正直に意識されている自らの「弱点」をこそ直視し、そこに、自らのアイデンティティーを発見し、それを握りしめつゞけることのできる力をこそ、育みたいものです。

　次には、そこにどのような普遍的な課題や問題点が潜在しているのかを、集団思考の中で揺さぶり合いながら、発見していきます。その実践の成果にこそ、学ぶことの面白さを、自覚し合いたいものです。すなわち、自己学習力による自己変革を達成できるための力は、このような過程の中で、育まれていくのです。

　さらには、その「学力」を、一層深化・発展させるために、適切な学習（教）材を、学習者みずからもが求め、獲得し、集団の中で生かすことができる力をも、育んでいきたいものです。この力がついてこそ、学習者主体の学習の場が、展望されます。「基本」学力としての課題設定力、情報収集・操作力、課題解決力・表現発信力などは、このようにして培われるでしょう。

　以上の構造の中で、学習（教）材のことばと学習者の「表現」のこととの接点を焦点化し、その中核をなすことばを、指導者自らの学習指導目標に引きつけ引きつけ、発問を推敲していきたいものです。先の3つの主題意識を、指導者としての立場から統合し、確固とした価値ある目標へと、指導を展開したいものです。しかし、それは、学習者の反応、特にその「表

現」に触発されて、揺さぶられ揺さぶられ、変容してもいくものです。それは、責任の放棄などでは決してなくて、学習者ともども、ことばの「価値」としての意味を、一層深化拡充するために、必須の条件でしょう。1つことばを通して状況を生きぬくためには、真実の確認や新しい価値の発見が、求められています。

　私は、1996年の２月、そのときから30年余前に初めて「国語教室」を持った丹後の地に、改めて学習指導の場を、得ることができました。そこで、私は、高校２年の学習者たちに、次の３句を、学習（教）材として、まずは提供しました。

　Ａ　或る峠を三日眺めている旅愁　高橋重信　大岡信選　「折々のうた」　1991年12月24日
　Ｂ　朝発ちの霧の峠を越す覚悟　田中玲子　朝日俳壇　1992年12月６日
　Ｃ　最果の峠の霧を見て返す　高石孝平　同　1993年12月５日
そこで、前もって届けておいた発問は、次のようでした。
　○　この三人の作者の中で、「峠」を越える可能性の一番ある人は、誰だと思いますか。

　学習指導の前日、宿で出会った「反応」のほとんどは、「Ｂ」でした。「覚悟」しているからだ、というのが、大方の理由でした。私は、予期していた通りの反応に出会い、この壁をこそ何とか破りたい、「旅愁」に「三日」も捉われて、「峠」に立ち向かうことを、今は躊躇している人や、そこに至るまでには、どんなことがあったのだろうか、「最果」までやってきた人は、「可能性」という点で、「覚悟」の人に、そんなに決定的に劣っているのだろうか。そう問いかけました。

　学習者は、こゝから、本格的になっていきました。「旅愁」や「覚悟」や「返す」などの１語の一般的な意味を、まずは確かめます。その中で、「人は、なぜ旅をするのだろうか。」とか、それなのに、「その中で、なぜ、愁いを感じるのか。」とか、さらには、「『峠』とは、何なのか。」などと、考え合うことになりました。こうなってきますと、学習指導は、単にことばの一般的な意味止まりでは、済まなくなります。価値ある主題意識が、

かきたてられます。
　このように、学習指導の目標は、指導者自身が、学習者たちの今にとって切実な主題意識との接点を持つ「誰が、峠を越えるのか。」という指導者自らの主題意識が、握り締められていなければなりません。さらには、「人は、なぜ峠を越えるのか。」とも自問しながら、学習者の反応に「きゝひたり」「きゝ分け」導かれながら、ことばの新しい価値を、発見し合いたいものです。

　３．「価値」において、学習（教）材を透視する

　山口県は美祢市に、田代小学校があります。市の中心からは、随分と山奥深く入ったところに、位置しています。その小学校６年生の上利祥子さんが、「四人の卒業生」という題で、次のような詩を作りました。
　○　六年生が卒業してしまった　／　おもしろすぎる六年生　／　元気すぎる六年生　／　たくましすぎる六年生　／　がんばりすぎる六年生　／　六年生はりっぱだ　／　でも六年生だって／　失敗はする　／　サッカーでからぶったり　／　太こでまちがえたり　／　リレーでこけたり　／　他にも　／　六年生のいなくなった　／　四つのつくえには　／　ストップウォッチがかかっていたり　／　糸通しが残っていたりする　／　これを見ると安心する　／　ありがとう　／　ちょっとドジな六年生　／　六年生の思いやりは　／　いつまでも消えないね[23]
　こゝには、新６年生の祥子さんが、「四人の卒業生」を、どのように心に残しつゞけてきたかが、構造的にも、たしかなことばで、表現されています。前半の「すぎる」と後半の「たり」「たり」で列挙される「失敗」とが、「安心」を経て、「ちょっと」と「ドジな」との絶妙なバランスを経て、「思いやり」という１語に収斂していっています。
　このように、学習者自身、その真情は、日常なにげなく使っていることばに、今までにはなかった深く重い価値を吹き込むことによって、満足の

いく表現となることを、知っています。私たちは、他者のことばを、鋭く透視することによって、それと有機的な関係で織り成されている表現・「作品」をも、学習（教）材として開発したいものです。たとえば、祥子さんの詩を、「思いやり」という１語を焦点に透視するとき、「ほんとうの思いやりって、何だろう。」という主題意識が、目標としての深く重い価値を、無限に追究することを、求めてくるでしょう。

　これは、もう４半世紀近くも前のことです。大阪は豊中市のある日本料理屋さんの窓に、こんなゆかしい俳句が、掲げられていました。毎日通学する道沿いでしたので、そのひと秋の間、お料理ならぬ俳句を味わいつゞけさせてもらいました。

　Ａ　白露をこぼさぬ萩のうねりかな　1881年10月21日　記述

このゆかしさが、心に長くしみついていたからなのでしょう。それから11年たった秋に、こんな俳句に出会って、先の句と比べていきながら、自然と学習（教）材としていつか生かしたい、と思うようになっていました。

　Ｂ　萩に来て大きな風となりにけり　井手富士　朝日俳壇　1992年10月18日

さらには、「歳時記」の中でも、こんな句に出会って、また１つ重ねてみました。

　Ｃ　美しき風来て萩と遊びをり　中村みづほ　角川書店　『俳句歳時記』

こゝには、共通して、風と萩とのゆかしい出会いが、鋭く豊かな感性で、捉えられています。しかし、その違いこそが、大事です。

　Ａでは、「うねり」といった動的な力を加えたに違いない「風」に対して、それを身に受けている「萩」が、「こぼし」て当然のようなはかなくも小さい「白露」を、「こぼさぬ」絶妙な自然の摂理が、具体的に表現されています。

　Ｂでは、あるなんて少しも感じなかった微「風」の存在の、実は大きいことを、「萩」が、感受性鋭く、かつ包容力豊かに、受け止め示してくれています。「て」の１語に、どのような必然性を受け止めるかが、問われてきます。

Cでは、「美しい」のは、「風」なのです。しかし、「萩」ではない、と言ってしまえば、おしまいになります。やって「来」たのは、「風」です。「萩」は、それを素直に受け止めています。「遊ん」でいるのも、「風」の方が主体になっています。しかし、「遊ぶ」のは、相手があってのことです。「遊ん」であげている「萩」が、いるのです。

　このように、学習（教）材を、素材や題材に注目して捉えつゞけていき、それらの間の違いに関わっていることばを引き据えてみますと、価値としての学習指導目標が、少しずつはっきりとしてくるでしょう。

　神野志季三江氏は、きっと学習指導者に違いありません。その誠実な日々の様子が、短歌となって表現されつゞけています。

　○　ひとりだとあんなにやさしい肩になる放課後の窓に頬杖ついて　朝日歌壇　1999年7月4日

　私は、学習指導者を目指す学生たちと、この作者の真情を、追究し合いました。その糸口としては、各人に、歌中の任意の一語をしっかり踏まえて、発問を一つずつ作ることを、求めました。

　A　「ひとり」でないと、どうしてそうはならないのですか。
　B　「やさしい肩」って、どんな「肩」でしょう。
　C　授業中などではなくて、「放課後」でないと、なぜそうはならないのでしょう。
　D　「窓」際でそうなのは、なぜでしょう。
　E　「頬杖つく」のは、どんなときのポーズでしょう。

　どれも、この作者が捉えざるを得なかった場面を、具体的に掘り起こしていくに相応しい、糸口になっています。こゝには、今日の学習者が、内なる世界に、実は確かに秘めている「やさしさ」が、微妙にして鋭く豊かに、捉えられています。集団の中では、頑なに隠さざるを得ないのは、なぜなのでしょうか。「授業」の中では、それは、なぜ表現することを拒まれているのでしょうか。学生たちは、お互いにゆさぶられて、明日のみずからにとっての学習者の真情を、考え始めることが、できたようです。答えを出し合う中での相互批評は、極めて有効で、論議は、教育の本質にま

でおよびました。
　しかし、1つ触れられなかった語がありました。それは、「あんな」という連体詞です。私は、これを「こんな」や「そんな」にしたらどうなるのか、と問い直しました。作者である指導者の真情に、視点を引きつけてみたのです。作者にとっては、「あんな」と距離を置かねばならない、忸怩たる念いが、あります。学習指導目標の中核としての「価値」は、こゝにあったのです。

4．主題文を、創る

　このような状況の中で、学習者がそうであるように、指導者も、またその生活感情を直視することから出発して、傍観者としての立場や視点を克服することに、努めねばなりません。学習者との接点は、こゝを抜きにしては、ありません。
　そのためには、自らの発問を常に対象化して改善に努め、状況におけるその有効性を、検証しつゞけねばなりません。それは、自らを、学習者との接点の位置、すなわち、「発問」を受け止める側に、立つことができるかどうかに、偏にかゝっているからです。それを無視した「発問」は、学習者の「理解」や「表現」への折角の歩みを、阻害します。
　そこで、学習（教）材のことばと学習者の反応のことばとの接点を焦点化し、そこをこそ、指導者の学習指導目標としての主題意識に引きつけ引きつけ、「発問」を推敲しつゞけたいものです。未整理のまゝの諸要素が混在していたり、あまりにも漠然としていたり、言い換えるたびに変わってしまったのでは、学習者の折角の意欲を、削ぐことになります。
　そうでありながら、学習者の折々の反応、とりわけその「表現」のことばに触発されて、指導者自らの学習指導目標としての主題意識は、揺さ振られて変容してもいくはずです。それは、指導者としての責任を放棄することではなくて、学習者ともども、より深く確かな「価値」を持つ真実に迫っていくために、必須の条件なのです。

ちなみに、明日の指導者である学生のひとりは、「模擬授業」の後、こう述懐しています。
○　（前略）（不安）が的中した。しかし、最後の学習者からの疑問は、先入観のあったぼくらにとって、一生出なかったかもしれない。指導案を書くときに頭の柔軟さが必要なのを知った。また、授業をすることによって、自分が学習者から学ぶというのを肌で感じた。これからは、他の授業者に揺さぶられつゝ、揺さぶってみたい。

　学習指導目標は、この「揺さぶり」合いを通すからこそ、その彼方に、確かなものとなります。
　本節第2項では、丹後の高校生との「峠」の3句での響き合いの糸口を、紹介しました。そこでの揺さぶり合いを経て、私は、「誰が、峠を越えるのか。」という主題意識を、学習指導目標に据え始めていきました。

学習（教）材	中心発問	表現活動	理解活動	評価の内容
「峠」三句	三句の作者の中で、誰が「峠」をこえたのか。	一人選び、その理由を、200字で説明する。	「覚悟」「旅愁」「返す」を、読み分ける。	個性を自覚させて、一歩先へ。
「あの坂をのぼれば」杉みき子	「少年」は、「海」を見たのか。	「少年」に、200字程度のはがきを書く。	「一片の羽」と「しろい大きな翼」との違いを読み分ける。	「少年」の立場で返事を書く。
「峠」石垣りん	「峠」は、人に何を思わせるのか。	「越えない」で眺めている人の真情は。	「人の思いが懸かる」の「懸かる」の意味は。	「場」の具体を創造する力を。
「峠」真壁仁	「あかるい」と「憂愁」とは、なぜ共存するのか。	「峠」は、何を思わせるのか。	「訣別」の中の真情を分析する。	相互評価による揺さぶり合い。

学習指導目標「誰が、峠を越えるのか。」は、無限に学習（教）材を開発させて、学習指導の場を具体的に展開させて止みません。

　一方では、このような学習指導目標の折々の設定には、学期や年間での体系が、求められます。これに応えるためには、1つの規範としての「学習指導要領」に基づく教科書が、あります。たとえば、3月に、担当の学年や学級が決まったとしましょうか。「教科書」の目次を繙いてみますと、さまざまな学習（教）材が、一般的には、ジャンル別に分類した形で、並んでいます。こゝが、勝負所です。その順序にそのまゝ従って、物理的な条件下のまゝに出発するか、それとも、この学校の、この40人の学習者にとって、今、どのような「ことばを通して」の、どのような「価値」ある「学力」が、求められているのか。これを、直視しなければなりません。

　「学習指導要領」も、「各学校」「創意工夫」を、ひきつゞき奨めています。この教科書の冒頭には、この詩があるけれども、今この40人にとっては、後の方にある物語こそが、いちばん求められているはずです。そう判断したら、その物語をこそ軸にして、教科書の目次を、ジャンルにこだわらずに、並べ換えてみてはいかゞでしょう。この分類意識こそが、学習指導目標を、独自の価値あるものにしていくことのできる、現実的な条件でしょう。その上で、積年の経験の中で集積してきた学習（教）材をも、その分類体系の中に、自在に取り込んではどうでしょうか。同じ学年の「国語」を担当する指導者集団での吟味・検討があれば、体系は、さらに確固としたものとなるでしょう。まずは、個々の指導者が、このような体系作りを、学習（教）材の設定に即して、大胆に試みてはみませんか。

　たとえば、中学校・高等学校の場合では、分類の1つの基準として、⑴青春　⑵ことば　⑶自然　⑷生と死　⑸戦争　⑹文明と社会——といった主題意識の核になる「題目」が、教科書学習（教）材の中から、すぐさま析出されるでしょう。ジャンルを越えて、「現代」や「古典」も越えて、知識や技能止まりではなく、価値としての目標に密着した柱を、立てたいものです。たとえば、⑴ですと、「青春にとって、愛は、なぜせつないのか。」とか、⑸ですと、「戦争を、なぜ止められなかったの

か。」などの主題文を、明確なねらいを持った疑問文で、確認するとよいでしょう。

おわりに

　大岡信氏が、「折々のうた」で、2日連続で、興味深い短歌2首を、紹介しています。
　　○　あやまちて教うることもありなむに吾を信ずる子らをおそるる　栗原克丸　2002年11月15日
　　○　おろかなる心にのみや任すべき師となる事もあるなる物を　西行　同　2002年11月16日
大岡信氏の解説によりますと、栗原克丸氏は、「硬骨漢元教師」とのことです。「硬骨」であるということは、この1首によりますと、頑なだということでは決してないことが、よくわかります。いや、「硬骨」であるためにこそ、「あやまつ」「吾」とそれを「信じ」てくれると見る「子ら」との関係が、「おそるる」ほどに、真摯に見据えられているのでしょう。予定調和的に、頑なな「目標」を決め込んでしまって、何が何でも、そこへと向かって引っ張っていくのではなくて、このような「畏敬の念」が常にあってこそ、「硬骨」は、今に生きるに違いありません。
　次の西行の1首については、大岡信氏は、「自分の心というものをたえずまっすぐに見つめようとする人」の1人として、その「鋭い感性」を、指摘しています。「人はいつ人の師匠になるかもしれない縁を、どこかの誰かと結んでいる。」という大岡信氏の解説は、いつも学習者を目の前にしている「師」だからこそ、逆に痛く突きさゝります。
　学習指導目標を、どう定めるか。世には、「基礎」学力止まりの「目標」を、とかく技能として整理した、蒸留水のような「マニュアル」が、蔓延ろうとしています。それは、折角の「総合」や「問題解決」を目指す「新しい学力観」とは、ついに相容れず、ドリルばかりによる競争原理に、学習者ともども指導者を埋没させかねません。この押し寄せるものなおなお

重い状況の中で、「ことばを通して生きぬく力」としての「基本」学力拓きを目指すからには、「おそれ」つゝ、「おろか」さを自覚しつゝ、価値ある主題を、1つことばに、まず透視したいものです。

第3節　1つことばを「価値」において捉え、語彙を豊かにする

はじめに

中国の古典『大学』の「伝」第7章第2節に、次のような1文があります。
○　心不在焉、視而不見、聴而不聞、食而不知其味。
（心焉（こゝ）に在らざれば、視れども見えず、聴けども聞こえず、食らへども其の味はひを知らず。）[24]

私たちは、心が確立されていないから、「視」はやっているけれども、「見」はやっていない。よせばよいのに、「聴」はやりながら、肝腎の「聞」は等閑に付している。「食」と「味」との関係も亦然り。――と言うのです。「きく」ことで申しますと、「聴」よりも「聞」の方が大事だ、ということになります。今日、私たちは、じっくりと分析的に「きく」「聴」の方が、真実を「きゝ」分ける道だ、と信じています。しかし、『大学』は、それを賢しらの分析主義と否定し、自然に「きく」ことをこそ、求めています。心を抜きにしての「聴」は、全うではない、と言うのです。21世紀は、「情報化社会」だと喧伝されて、私たちのまわりには、データやその組合せに過ぎないインフォメーションが、溢れています。それでいて、状況の混迷は、止まるところを知りません。分析的な「情報機器」にすべてを委ねず、インテリジェンスとしての「情報」をこそ、創造的に「きく」ことが、1つことばにおいても、求められているのです。

1．私たちは、何を「きい」ているのか

○　「高校は義務教育じゃないんぞ。親が働いてのうて、どねえやって授業料を払うていくつもりか！」／　中学校の先生の、そんな厳しい声を背に浴びて、受験した。そして合格発表。自分の名こそあったが、ほかの同級生らのように「おめでとう」と言ってくれる者など、皆無であった。「公立一本。落ちたら働け」と言っていた母さえも……。／　「払えなくなったら、辞めればいい」。15歳の私は、腹をくくって入学式に臨んだ。その翌日のホームルームだったか、奨学金制度なるものがあることを初めて知った。／　放課後、職員室に駆け込んだ。担任の先生に連れられ、奨学生担当の先生の元に。申請手続きの方法と書類の説明を受ける。そこに五十代の古参の女教師が話に割り込んできて、こう言った。／　「あなた、親が働いてないんだったら、学校辞めて働けばいいじゃない。その方が、よっぽど親孝行ってもんじゃないの」／　職員室には副担任、学年主任合わせて20人近くの先生たちが居合わせていたろうか。皆、下を向き、一斉に沈黙した。彼女は私が２年生の時、学級担任となった。以後の状況は……。／　めでたくも奨学生にはなり得たが、級友が青春をおう歌する中、忍耐を学ぶことのできた３年間、でもあった[25]。

山口県下関の主婦松岡淳子さんは、「忍耐学んだ３年間」と題して、このように書き記しています。「中学の先生」や「五十代の古参の女教師」のことば、そして、「20人近くの先生たち」の「沈黙」。——私たちは、学習者のことばを、どのように「きい」ているのでしょうか。そして、何よりも、松岡淳子さんの「忍耐を学ぶことのできた３年間、でもあった。」の１つ「、」（読点）に、今、どのような思いで、何を「きく」ことができているのでしょうか。

また、経済学者の内田善彦氏は、次のように述懐しています。

○　いったい、お互い生きている者同士、平素しゃべっていることを、

ふだんは余り大事に聞いていないんじゃないでしょうか。／　私は、親しい友人をたてつづけに亡くしてつらい思いをしましたけれど、その時一番つらいのは、あの時あの人はひょっこりこういうことを言ったなとか、あそこで何か口ごもって、賛成はしたものの納得がゆかぬような顔をしたとか、生前は意識にのぼらなかったようないろんな言葉や表情の切れはしが、生々しく心に浮かんできて、これはつらいんです。ハッキリとしていて、しかし、そこに含みこまれている意味を確かめるすべがもうない言葉の断片断片。そのことば、その人の全実在にかかわることいまや明確なその言葉を、なぜ聞き逃してしまったか。容易に確かめ得たその時に。／　じつは、聞いてはいたんです。その時にも。でなきゃ、あの時こう言ったのはどういう意味だろうとか、あるいは表情ですね、あの時口ごもったけれど何をいいたかったんだろうとか、言葉や表情が浮かび出るわけがありませんから。見たり聞いたりはしていたんだけれど、せっかく見たり聞いたりしたことを大事にしないで、ふっと流しちゃったということを思い知らされる[26]。

　内田善彦氏は、「平素」「見たり聞いたりしたことを」「ふっと流しちゃ」うことの、いまとなっては「つらい」気持ちを、誠実に自戒しています。恩師故金子金治郎博士は、「死別こそは、最も強烈な出会いである。」とおっしゃいました。私たちは、この「強烈」なたまらなさをこそ直視する中から、内田善彦氏のいう「ふっと流しちゃ」うことへの刻々の警戒を、「ことばを通して」学ぶことの中核に、据えたいものです。

　すなわち、私たちは、この混迷する新世紀展開の中で、お互いに、真実の心を素直に表現し切れない状況に、置かれています。一見どうにもならないたまらなさの中で、ときに厳しい妥協や沈黙をさえ強いられ、ことばとの対決に生きぬいています。この抑制を余儀なくされる現実にあることばに、何とか「きゝひたり」「きゝ分け」する努力こそが、国語（科）教育に、とりわけ求め直されている「伝え合う」力に培う一里塚ではないでしょうか。

また、詩人長田弘は、「立ちどまる」と題して、次のように歌っています。
　○　立ちどまる。／　足をとめると、／　聴こえてくる声がある。／　空の色のような声がある。　／／　木のことば、水のことば、／　雲のことばが聴こえますか？　／　石のことば、雨のことば、／　草のことばを話せますか？　／／　立ちどまらなければ　／　ゆけない場所がある。／　何もないところにしか　／　見つけられないものがある[27]。

　私たちは、とりわけ「情報化社会」と言われる状況の中で、速さと便利さとを中心とした経済効率を中心に、走り回らされています。教育も例外ではなく、それへの「適応」が、頻りと求められています。このような日常の中で、私たちは、「木のことば」や「水のことば」、それに「石のことば」や「草のことば」に、知らず知らずのうちに、背を向けたまゝで、走りつづけてはいないでしょうか。まずは、それらが、「聴こえて」いるのでしょうか。詩人長田弘は、私たちが、一見、「何もない」と決めてかゝっているところにこそ、大事な価値が実はあるのだ、と訴えてくれています。「立ちどま」ったら「ゆけ」るわけがない？　そうではないのです。

　ちょっと立ちどまってみませんか。いつもとは違った道草の径や踊り場に、足を踏み入れてみませんか。その積み重ねの中で、ふと感じることを、大事に心に留めてみませんか。書き留めておいてみませんか。それらを大事に温めつゞけていくうちに、きっとはっとすることがあるでしょう。この「ちょっと」から「ふと」へ、そして「はっと」への営みこそが、人と人との間での「伝え合う」力を、言語生活の中で育む礎になるのではないでしょうか。なによりも、まずは、学習者の「空の色のような」真実の「声」が、「きゝ分け」られるようになりたいものです。

２．ことばを「きく」

　俳人加藤瑠里子氏が、父故加藤楸邨の句を、次のように取り上げていま

序章　私は、何を求めつゞけているのか

す。

○　咲くまへのさくらの音をさぐりをり　楸邨

（前略）咲く前の桜は、初花ではなく、待つ花。花を待つ心が、花に向かわせ、目前のまだ動き出さない幹に、音を探らせている。短期間に、あふれるほどの花を咲かせ、また惜しげもなく散らすには、どれほどのエネルギーがいるかと思うが、そのエネルギーの音のような気がする。父はよく、見えない物を見、聞こえない物を聞く、といっていたが、まさにこれではないかと思った[28]。

「満を持す」ということばがあります。桜は、あの厳寒や寒の戻りと言われる季節の中で、まさに「満を持し」てきたからこそ、このクライマックスや「散り際」の美しい「表現」を、見せてくれるのです。桜は、開花直前の幹に耳を当ててみると、水や養分を吸い上げる音が、ザーッと「きこえる」そうです。クライマックスとしての「表現」には、このような「見えない」「聞こえない」前提やプロセスが、懸命に「満を持し」ているのです。

私たちのことばも、その機能からして、音声や文字としての形に表れた「外言」の「結果」しか、「見え」たり「聞こえ」たりはしません。しかし、それらの前提やプロセスには、先に見てきましたように、思考や認識や創造に関わる「内言」がありました。星空の「星雲」という名づけに倣えば、混沌とした「言雲」とでも言うべき世界です。何かに深く感動する。ひどく悩む。その気持ちを何とかことばに表現しようとするとき、七転八倒、どうにも形にならないもどかしさを感じます。真情に正直であろうとすればするほどに、このギャップは、さらに深くなります。だからこそ、私たちは、この「内言」の世界を、桜のように「満を持し」て、確かで豊かな価値あるものへと、磨き合いたいものです。

さらに、大岡信氏は、江戸は天明期の俳人三浦樗良の句を、次のように紹介しています。

○　油断して花に成たる桜かな　樗良

（前略）桜の花を讃える歌や句は古来おびただしいが、こういう讃え

39

方もあるのかと意表をつかれる思いのする一句。花はつぼみの状態で、まだまだ、まだまだと我慢していたのである。それがふと油断して気を抜いた途端、あれよというまにここもあそこも花盛り[29)]。

　先ほどの加藤楸邨の句での「満を持す」からすれば、これは、まさしく「油断」です。あの桜のクライマックスの美は、「油断」の成れの果てとは、辛辣です。私たちのことばによる「外言」としての表現も、言われてみれば、日々「油断」の連続そのもの、と言うべきでしょう。ついつい、えぃいまょ、とばかりに妥協してしまっています。「満を持す」世界での錬磨には、無限の推敲が求められているのです。思考や認識や創造こそが、大前提なのです。

　しかし、大岡信氏は、この樗良の句を、桜の花への「讃え方」の粋として、捉えています。「油断」が、どうして「讃え」られるのでしょうか。大岡信氏は、それを「意表をつかれる思い」と表現しています。つまり、私たちは、桜の美を、そのクライマックスとしての「成果」にのみ、見ているのです。ところが、どっこい、樗良の炯眼によりますと、それは、「ふと油断して気をぬいた途端」の成れの果てだと言うのですから、はっとせざるを得ません。あんなに優れて感動的な「表現」も、突き詰めれば「油断」の「成果」であったのか、と。トルストイは、『アンナ・カレーニナ』の書き出しを、なんと17回も推敲して、今の形に落ち着いたのだそうです。

　○　感情がまだ湧いてくるのを知りながらワープロを切り気持ちを区切
　　る　高野和夫　朝日歌壇　1995年10月22日

　高野和夫氏は、「切る」ことが「油断」であることを、しっかりと直視して、作歌の世界に専念していました（本章第1節—2参照）。わたしたちも、この「油断」の自覚のもとに、「満を持し」てこそ、「桜」に倣うことができるのでしょう。

　先に、ちょっと立ちどまる、ふと考える、はっとする、と申しました。詩人金子みすゞに、「明日（あした）」という作品があります。

　○　街で逢った　／　母さんと子供　／　ちらと聞いたは　／　明日
　　／／　街の果ては　／　夕焼小焼、　／　春の近さも　／　知れる日。

／　なぜか私も　／　うれしくなって　／　思って来たのは　／
　「明日」30)
　金子みすゞは、山口県は日本海に面した北の港町仙崎の人です。その街でのことだったのでしょうか、ある日の夕暮れ近く、金子みすゞが歩いていると、向こうから、母と子とが、手をつないで帰ってきます。遊んでいた子を、夕飯だというので、母が探しにいって、見つけて帰ってくるところででもあったのでしょう。母子は、楽しそうに語りながら、近づいてきます。いったい、どんな楽しいことを話しながらなのでしょうか。それは、聞こえたわけではありません。しかし、ふとすれ違った瞬間、そのときに母子で交わされたどちらかの一言「明日(あした)」が、ふと「きこえ」ました。その前後の話の脈絡は、わかりません。しかし、金子みすゞは、「きい」たのでした。それは、何だったのでしょうか。
　金子みすゞは、それが何であるかを、説明してはいません。いや、第2連の心象風景が、それを見事に暗示してくれています。「なぜか私も」——金子みすゞは、「ふと」「きゝ」ひたったほんの1語に、我が心に種を播いて、「はっと」する価値ある世界を、創造することができたのでした。こんな「きゝ」方を、日常の言語生活に、求めつゞけたいものです。
　私たちの言語生活には、たくさんのことばが溢れています。その中で、「今日1日、こんなことばに出会った。今日1日、こんなことばを使うことができた。」——恩師藤原与一博士は、この大切さを説かれました。当たり前だとばかり思って聞き流していたことばに、こんなに深く重い価値があったのか、そう「きゝ分ける」力、そして、自分も、そのようなことばを使える力をこそ、国語（科）教育の場でこそ、求めつゞけたいものです。

3.「きゝ」合う

　群馬県吾妻郡東村長徳寺の住職酒井大岳師は、保育園の若いお母さんたちを前にして、こんなお話をされたそうです。

○　「『お帰り』の後に、三百六十五日違う言葉をつけ足す気になってごらんなさい。」／　すると、お母さんの中に、ズラリとことばを書き出し、「今日は、どれにしようかな。」と考えた人がいました

これも、酒井大岳師のお話です。苦学生だったころの経験だそうです。

○　暮れてつのる吹雪に、バス停で震える身を縮めていました。バスでもトラックでも早く来てくれ。と、前の酒店から奥さんらしい人が出てきて、抱えた毛布を差し出し「車が来るまでくるまって」。／　思いがけない好意に驚きながら、ふと笑いがこみ上げて「面白いですね。くるまがくるまでくるまって」。「あら？　ほんと」。吹雪の中で「アハハ」「アハハ」と笑い合ううちに、いつか二人とも泣いてしまっていたのでした。／　「苦労した人なのでしょう。その人から自然にほとばしったあいさつだったのです」[31]

この酒井大岳師の２つのお話は、「きゝ」合う、「伝え合う」ことの本質を、よく表しています。酒井大岳師は、前の例にまつわって、「折々、子の身になれば親としての感情が自然にわく。それが流露して言葉になった、そんな言葉。トツトツでも、ギクシャクでも、自然流、あなた流が最高です」、とも説いています。「身になる」から「自然にわく」へ。私たちの「伝え合う」言語生活も、こゝを踏み外しては、確かにも豊かにもならないでしょう。「自然にほとばし」る。そのためには、「ほとばしる」だけのほんもののエネルギーが、しこ溜められていなければなりません。「満を持す」ことに「苦労」を共有し合っていてこそ、「油断」を自戒し合っていてこそ、それは可能なのでしょう。

また、詩人新川和江の「すいせん」は、次のように歌い上げています。

○　すいせんを剪る音がする　／　障子にさえぎられて　／　花も　人も　見えないのだけれど　／　鋏の音で　／　いもうとがすいせんを剪っているのだと　／　わかる　／　池の水がひかっているのが　／　わかる　／　冬の日射しの　／　わずかな愛をあつめて咲いた　／　ちいさな顔がゆれている　／　北側の小部屋の　／　拭ききよめた机の上に一茎さして　／　——すいせん　／　つぶやいているであろう

／　口かず少なく　／　恋の苦しみもたえて語らぬ　／　いもうとの心が　／　わかる[32]

　姉の新川和江には、「いもうと」の姿も「見えない」し、声も聞こえないのだけれども、その「つぶやいているであろう」「心がわかる」、と歌っています。「口かず少なく」、「たえて語らぬ」のに、「わかる」のです。「いもうと」を、「つぶやいているであろう」と捉えています。新川和江には、「いもうと」の「つぶやき」が、「きこえ」てくるのです。「つぶやき」だからこそ、その真情は、「きこえ」てくるのです。

　「つぶやき」は、極めて抑制された表現です。大っぴらに大言壮語したり、確信をもって宣言したりするのとは、違います。ほんとうは、これが真実である、と確信しているし、それをこそ言いたいのです。しかし、状況は、理不尽にも、それを許しません。えてして、大きいものには巻かれろ、と攻勢がかけられさえもします。そんなときこそ、「つぶやき」であるからこそ、その真情を表現することに、大きな意義があります。「油断」とは、違います。

　私たちは、他者の、とりわけ学習者の「つぶやき」にこそ、ちょっと立ちどまって、ふと何かを感じて、そうすることによって、はっとすることが、求められています。新川和江のように、そういう意味で「わかる」ことが、求められています。「きゝ」合うということは、このような力を抜きにしては、空疎なものに成り下がるばかりです。

　さらに、詩人田村隆一の「木」は、次のように歌い上げています。

○　木は黙っているから好きだ　／　木は歩いたり走ったりしないから好きだ　／　木は愛とか正義とかわめかないから好きだ　／／　ほんとうにそうか　／　見る人が見たら　／　木は囁いているのだ　ゆったりとしずかな声で　／　木は歩いてるのだ　空にむかって　／　木は稲妻のごとく走っているのだ　地の下へ　／　木はたしかにわめかないが　／　木は　／　愛そのものだ　／　それでなかったら小鳥が飛んできて　／　枝にとまるはずがない　／　正義そのものだ　／　それでなかったら地下水を根から吸いあげて　／　空にかえすはずが

ない　//　若木　/　老木　//　ひとつとして同じ木がない　/　ひとつとして同じ星の光のなかで　/　目ざめている木はない　/　木　/　ぼくはきみのことば　/　大好きだ[33]

　田村隆一は、「わめく」存在よりも、一見「黙っている」「木」の「囁き」にこそ、注目しています。「わめかない」、「囁いている」からこそ、「愛」や「正義」そのものを体現することができている、と考えています。だからこそ、その存在そのものが、それぞれの独自性や個性を発揮することができている、とも考えています。そのような「囁き」の「ことば」が「大好きだ」と言っています。「黙っていて」、「囁いている」存在をなのです。

　今日の混迷がつゞく状況の中では、えてして「わめく」存在にスポットライトが当てられて、しくみはそれによって引きずり回され、歴史に学ぶことが無視されがちです。先に見ましたように、「つぶやき」や「囁き」こそは、真情の宿っている「沈黙」に、極めて近い表現です。抑制されたり、抑圧されたりしていて、大きな声では言えないからこそ、人は、精一杯の念いをそこに込めて、「囁く」のです。「木」は、「ゆったりと静かな声」の持ち主です。私たちも、「木」のように、確かで豊かなことばで、「愛」や「正義」を表現し合いたいものです。

4．1つことばの「価値」に「きく」

　唐木順三は、近代が、自己の確立・個性の主張を目指し、神や権威や通念やを否定してきた、と説いています。さらには、それにともなって、一切を対象化し、「眼」でもって、観察・仮設・実験・検証吟味・法則の発見を経て、近代科学を成立させてきた、とも説いています。その上で、唐木順三は、次の点を、と主張しています。

　○　（前略）眼を中心とした世界の外に、耳を中心とした世界のあることを考へたい。自己主張や自己表現の、語る世界の外に、聞く世界のあることを考へたい。観察、実験、計測の科学は、その妥当領域をもってゐ、それはひとつの世界解釈にすぎない。近代は科学的世

界解釈が他を圧倒してきた。この科学の解釈の外に、芸術や宗教の立場があることをいま考へてみるべきである。(中略) 聞く、は元来受動的である。自己否定によって初めてよく聞くことができる。自己主張の外に自己否定の広い世界がある。ときに山に聞き、川に聞き、天地山水に聞き、更には鉄やドルのカーテンをはづして城外、天外の声に聞くべきである[34]。

　私たちは、「科学的世界解釈」が徹底的に追究した「成果」に主導されて、速さと便利さとを無限に求める文明・文化に、とりしきられています。中でも、原子力やDNAに象徴される「事実」の追究は、「眼」の力を、科学の力を借りて、徹底的に細かく分析することのみをよしとして、「発展」させてきた方法に拠っています。その「成果」は、一方では、取り返しのつかない混迷や残虐をも、強いてきています。「眼」の世界のひとり歩きの結果でしょう。

　このとき、「耳」の世界や、それの突き詰められた「第六感」をも含めた「気配」の価値をも「きゝ分け」られる力を取り戻すことが、求められています。それには、唐木順三の言う「自己否定」を前提とした「きく」力が、育まれねばなりません。虚心坦懐、他者のみならず自然の息づかいに、ちょっと立ちどまるところから、出発し直したいものです。

　このようにして「きゝ分け」られたことばは、今までは、すでに十分理解語彙でもあり表現語彙でもある、と思い込んでいたのとは違って、はっと新しい「価値」に気づかせてくれます。すなわち、1つことばに、このような重い「価値」があったのか、という感動です。

　この真髄について、作家の大江健三郎は、およそ次のように語っています。

(1)　学生時代、フランス文学の渡辺一夫教授から、「イマニスム」とは何かについて、教わった。渡辺一夫教授は、「絶望し過ぎず、希望を持ち過ぎず」だ、と説かれた。大江健三郎氏は、なるほど、と得心した。

(2)　後、結婚して、子息光さんが生まれた。重度の障害を背負ったこの

光さんを、夫婦で懸命に育んだ。そこで、渡辺一夫教授の説かれた「イマニスム」の意味が、もっと深いところで判った。
(3) また、後、広島の原爆病院で、1老被爆体験婦人に出会い、対話をした。そのとき、さらに深く「イマニスム」の意味の重さが、判った[35]。

　私たちは、今まで、1つことばの意味に、たとえば辞書を引くまでもなく、十分に習熟している、と思い込んでいます。あるいは、優れたことばの使い手から、その先入観をうち破るさらに深い意味や価値やを教えられて、自己確認をさせられます。しかし、さらには、自らの具体的な体験の中で、その意味や価値やが、決定的に自己変革を迫るとき、そのときにこそ、ことばは、「生きる力」の一角を、確実に担うことになるのです。

　そのためには、基礎的な学力としてのことばの一般的な意味や価値やの習得に安んじないで、基本的な学力としての課題設定から独自性の創造発信に至る過程を、「国語」教育の場で保障しなければなりません。それには、学習指導そのものが、系統的であると同時に、持続的なものでなければなりません。すなわち、1つことばに焦点を合わせて、そのことばの多彩な意味や価値からの揺さぶりをかけつづけなければなりません。その上で、習熟し獲得した1語の力は、そのことばに止まらず、他のどのようなことばにも、そのような価値があることを、確信させます。語彙が豊かになるとは、そういう1語を核とした有機的なことばの体系を、つかむことです。

　このような語彙の獲得については、菅井建吉・湯沢正範両氏が、次のように説いています。

　　○　一つの語句を獲得するということは、一個の人間が、自分をとりまく世界のなかで、全心身をあげて、あるものごとと具体的にかかわりはじめるということです。しかも、それは個々の体験にとどまらず、普遍性を持った「ハンナ」という一語によって普遍化されるのであり、その普遍化によって、自分の感動を人に伝えるという表現の喜びも加わっているのです。この用事の「ハンナ」は、実に個性的かつ普遍的

な生命活動の具体的な姿なのです。語彙の獲得とは、そういうものなのです[36]。

これは、1人の幼児が、「花」をみて、初めて「ハンナ」と表現することができた例を、踏まえています。こゝには、自分を取り巻く世界の「一つのものごと」との「個人」としての「かかわり」に止まらず、その「一語」による「普遍化」が、指摘されています。さらには、それが、「表現の喜び」にもつながっていることも、指摘されています。

幼児におけるこのような「個人」から「普遍化」への前進は、私たちが、1つのことばの「価値」にはっとするのに、通じています。たとえば、ある学習（教）材で出会った「やさしい」ということばが、一般的な意味に止まらず、今まで思いもしなかった「価値」をもって、指導者や学習者個人に立ち現れてきます。「こんなにすばらしい『やさしい』もあったのだ。」と、はっとする。さらには、その発見が、集団学習の中で、共有され、かつその先が求められてもきます。語彙が豊かになるということは、「学年配当」の語数をみんなが横並びに記憶していくことではありません。「生きる力」に培う語彙の獲得は、自己認識や自己変革にも直結するのです。

おわりに

今治市の横田青天子氏が、次のような句を詠んでいます。
○　一言の如く一輪冬の梅　横田青天子　朝日俳壇　1999年2月1日
「冬の梅」です。その蕾は、まだ固い。そこまでだと、一般に誰しもが受けとめる辞書的なレベルでの意味です。基礎的な学力としては、そこ止まりで済ますことができるでしょう。たとえば、「ほんの一言何かを表現しているかのように、一輪冬の梅が蕾を持っている。」と、易しく言い換えたとしましょうか。そこ止まりでは、この句の真意に、迫ったことにはなりますまい。

そこから先は、「如く」が結びつけている「冬の梅」「一輪」と「一言」とを、どのように重ねて、たとえばこの「一言」の奥深い「価値」を、発

見するに至るかでしょう。「冬の梅」の蕾は、まだ固い。しかし、今までは春にならないと意識さえもしなかったそれに、冬の今日ながら、何かを感じています。ちょうど、人が「沈黙」の内に、何かを「満を持して」しこ溜めながら、やっとの思いでほんの「一言」を発した。その延長線上には、春に香を運んでくる「梅」のように、馥郁とした真情が窺える。そう思い至ったとき、たとえばこの「一言」は、ことばの規模や大きさとはまた違った次元での「価値」を、発見させてくれるでしょう。

　ことばが「伝え合う」場で生きて働くということは、このような「価値」において、まずは他者のことばを「理解」し、その上で、自らもその「価値」と接点を持つことのできた「表現」を、実現することができることでなければなりません。1つことばを「価値」において捉え、語彙を豊かにするには、このような礎が必要でしょう。虚ろなことばばかりが飛び交い、「情報化」の中で、「マニュアル」化もされ、それが「デジタル」化により仮想現実を創り出しては、「一極集中」、「グローバル」化されていないでしょうか。このような虚なることばの蔓延りから、1語の「価値」を復権させることこそが、「語」を「彙」として「生きる力」にすることでしょう。

第4節　「きく」からこそ、問える

はじめに

　鷲田清一氏は、発達心理学の浜田寿美男氏の見解を、次のように紹介しています。

○　学校では教師が知っていることを生徒に訊く。ふつうひとはじぶんが知らないこと、知りたいことを他人に訊くものなのに、教室では、何かを伝えたいというやむにやまれぬきもちから相手に問いかけるのではなく、相手を験すために問う。これは相手を信頼していないこと

を前提とする関係だ。だから正解だと、生徒は「当たった、当たった」という感覚で受けとる。教師はいちどそういう学校言語の制度から下りてみたら、というのである[37]。

「訊く」のでなくて、「験し」ているではないか。しかも、それは、「学校言語の制度」になってしまっている。耳の痛い警告です。「験す」に対しては、「はい、はい、はい。」が、返ってきます。指導者は、とかくそれに救われたかのように、指名します。「予定調和的」に握り締めていた「答え」が、学習者の口から立ち現れれます。指導者は、その学習者とともに、「当たった」とて、ほっとします。他の39名は、首を傾げても、無視されたまゝに、ことは運ばれます。鷲田清一氏は、このような「制度」から、「下り」てみようではないか、と提起しています。

1．「たまらなさ」の持続

このような現実は、明日の指導者にとっては、すでに切実な問題として意識されています。

　A　学習者の意見を拾うのは、とても難しいなあ、とつくづく思った。たしかに、今までの学校教育は、教師が知っていること、教師の知識に近づける授業だったと思う。そういうので、「正解」「不正解」と評価されてしまうのは、少なくとも国語の授業においては、私はちがうと思っていたし、改善したいと思い続けていた。子どもたちの中から、なんらかのこたえを見つけることができるのが一番だとは思うが、それには、とても、教師の指導力が必要だと思う。自分でできるか、とても不安である。

　B　今日は、いろいろと難しい事を考える事になったような気がする。まず「問う」とはどういう事か？「問う」事は、相手を信じる所から発生するようだ。もっと「問う」というそのものの行為を、日常の中から考えていかないと、このままでは「問う」という事が分からなくなってしまうと思った。

C　教師は正解を知っているのに、子どもを試すために発せられる問いが、全体の大部分を占めている。しかし、教師も正解を持たず、子どもたちと共に考えていったとしても、どうしても教師の発言に子どもたちの意識の中で重きがおかれるのではないだろうか。私は今まで、どちらに転んでもいいような問いが、子どもの個性を伸ばす観点から良い問いであると思っていたが、これも一端にすぎないのだということを知らされた。この両端のあいだには、個性と社会性がからんでくるのだろうか[38]。

　たとえば、Aさんは、すでにすでに、いままで受けてきた「学校教育」、それも「国語」の授業までが、「教師の知識に近づける」類のものであったことを、確認しています。その中で、困難や「不安」を実感しながらも、「教師の指導力」の必要性を、展望しています。この力を、どのように育み、どのように受け止めていけばよいのでしょうか。

　また、BさんCさんは、「問う」ということの本質に念いを潜めながらも、特にCさんは、「どちらに転んでもいいような問い」を否定し、「個性と社会性」との関係に、血路を拓こうとしています。私たちも、これらの率直な念いに、今こそ導かれなければなりません。

　まずは、学習者とともに、学習（教）材を中に、「興味」や「感想」や「好き嫌い」などの実感を確かめるところから出発するにしても、その学習（教）材を離れての一般の次元からまず問いかけることは、学習意欲を高めることには、かならずしもなりはしません。その学習指導目標自体が、開発された学習（教）材の独自性ならではの焦点に密着した、やむにやまれぬ「共感」でありたいものです。そのためには、学習者の表現を「きゝ」分けた上で、学習（教）材の語彙の有機的な関係にこそ、お互いに注目することのできる問いが、まずは求められるでしょう。仮に「興味」などの次元での問いから始まってしまったとしても、その要求に応える学習者の表現のことばは、必ずその語彙の有機的な関係の少なくとも一角には、接点を持っているはずです。それを「きゝ」分け、それに食いついてこそ、発問は、学習指導の場に生きて働きはじめます。

学習者は、ともかくも多彩な反応をぶつけてきます。これらを、「マニュアル」や「予定調和的」なものさしで選別してしまうと、指導者独善の主題意識が、学習者のそれからはすっかり遊離して、1つ方向にのみ限定されていきます。「はい、はい、はい。」は、そこから生まれます。「多彩」を生かさなければなりません。玉石混淆であるからこそ、揺さぶり合って、集団学習の意義が立ち現れるのです。

　たとえば、教育実習生の学習指導を観察していますと、子どもたちとの話題は、私たちよりもずっと共有するところが多くて、どんどん発言を誘っていきます。それはそれは、ある意味では、見事です。その指導者は、その多彩な発言を、どんどん板書していきます。「もう一度。」などと所望しては、なるべくそのまゝ板書しようとします。そうこうするうちに、あれよあれよと時間が経過していって、さてどうするかという段階で、時間切れとなります。指導者は、それでも、「今日は、みんなたくさんのよい発言をしてくれました。次の時間も、頑張りましょう。」と、閉じめてしまいます。何のことはない、何でもありの1時間だった、ということになります。

　1人ひとりの発言を「きゝ」分ける。その学習者が、その真情を確かに込めている中核のことばをこそ、「きゝ」分ける。それを端的に板書する。次々にであるとしても、それらは、即座に分類されながら、黒板の中で、自ずから体系をなしていくようでありたいものです。そうであって、学習者は、初めて集団全体の中での自己の発言を、相対化することができます。これ、即ち、考えることの始まりでしょう。同じ受け止め方の発言が、誰によってなされたかを確認する。また、思いもよらない考えが、思いもよらない仲間によって、示される。この事実に、ほっとしたり、驚いたりすることが、とりもなおさず学習（教）材のことば、学習者同士のことば、そして指導者の発問のことばの三つ巴の接点を通しての「関心」や「意欲」をもかきたて、「態度」をも集団学習の中でのあらまほしきそれに、向かい合わせることができるのです。

　そのためには、板書され、分類された学習者の発言の抜きさしならない

ことばを、比較するところから、集団学習は、具体的な一歩を踏み出します。ところで、「比較」ということになると、とかく両極にあるもの同士、違いのはっきりしているもの同士を、「比較」したくなりがちです。しかし、このような意味での「反極注意」よりも、むしろ一見同じにきこえるもの同士ではあるが、よくよく「きゝ」分けてみると、微妙な違いに気づくことがあります。この違いに気づき合う。その上で、この「違い」は、学習（教）材のどの表現と関係しているのかを、吟味し合う。こゝが、学習者たちを本気にさせ、指導者も考え考え、学習指導目標へと立ち向かうのです。

その根底には、指導者自身の「たまらなさ」がなければなりません。学習指導の場ばかりではなく、この混迷のつゞく状況は、時として絶望や挫折やを痛感させます。しかし、そうだからといって、それを「予定調和的」に避けて、「マニュアル」によっかゝったり、「何でもあり」に遊んだりしてしまったのでは、「学習指導」でも何でもなくなります。「絶望」や「挫折」を繰り返すからこそ、「破滅」はしない。いや、一歩ずつの確実な前進が、保障されていくのです。「たまらないなあ。」と、日々思います。しかし、「たまらなさ」こそは、決して断念ではなくて、満を持しての「今に見ておれ。」の心が、確認されてのことのはずです。

この真情は、学習者とも必ず共有できる価値を、持っています。学習者たちは、残念ながら「競争原理」たゞ中で、真実を求めながらも、不本意ながら「学校制度の言語」に調子を合わせざるを得なくさせられています。先の教育実習での経験を吐露していた明日の指導者たちは、その念いを、今になって確認するはめに陥らされています。この原点に立ち返って、一律の到達点への「平等」を目指す「勉強」ではなくて、みんながそれぞれ独自の「たまらなさ」を「対等」にぶつけ合うことのできる場を、紡ぎ出していきたいものです。

2．発問体系への拠点

　模擬授業での学習指導を終えたＹさんは、次のように述懐しました。
　○　いつか、自分を「発火」することができるように、今は、しっかり内面を鍛えていきたいと思っております。

　Ｙさん自身、学習（教）材透視・目標設定・発問創出・学習指導・学習指導（授業）研究を通して、「発火」の１語に焦点を当て直しました。これは、学習（教）材とした星野富弘の詩の中のことばです。このことは、とりもなおさず「何のために問うのか。」を、「発火」の拠点から、厳しく反省し始めることを、指導者の立場から、学ぶことができた証でしょう。学習者たちとの、発問を糸口にした「対話」の豊かさが、学習者の自己学習力を育むとともに、指導者自身の明日への展望と決意を生み出したことは、尊いことです。

　この背景には、たとえば学習者役であったＦさんの次の述懐が示す成果が、あったのでした。
　○　「ぶつかる」ということばの意味を新たに認識することで、否定的なものだけでない、豊かな生き方を見出すことができるのだ。それを、作者は、「動詞『ぶつかる』」という題に託して伝えたかったのではないだろうか。／　意識が高まりました。背筋が伸びる思いがしました。勉強になりました。ありがとうございました。

　すなわち、どのような「ことばを通す」のか。Ｙさんの開発した学習（教）材は、その意義を具体的・端的に実感させるにふさわしい価値を、すでに備えていました。そこを焦点化することから出発したＹさんの発問体系即学習指導（授業）構造は、学習者に、「背筋が伸びる思い」としての新しい「認識」を持たせています。学習者役であったＨさんは、こう述懐しました。
　○　非常に頭が疲れる授業だったと思います。ここでの「疲れる」という言葉は、「考えさせられる」という意味です。細部にこだわって深

めていくのが、とてもうまいと考えさせられました。細部にこだわりながら、全体を見失わないということも、大切なことだと思いました。自分の今までの経験では、細部にこだわった結果、全体を見失ってしまうということが、よくあります。勉強になりました。また、学習者の意見を聞く様子に、好感が持てました。

　学習者を、「考えさせられる」という意味で、「疲れ」させる発問が、要所々々にもっと大胆にあってもよいでしょう。それは、指導者によって透視された「細部」に、こだわることからくる「疲れ」でもあり、それが踏まえられたればこそ、「全体」にも関わる「疲れ」でありたいものです。発問体系の構築は、学習者の発言に揺さぶられながら、臨機に統合された成果の「疲れ」を、前提とするのです。

　また、Ｉさんは、同じ立場から、次のように述懐しました。
　○　発問それぞれの「つながり」を重視するとよいと思います。Ｙさんの中では、勿論あったと思いますが、対象が小・中学生となれば、このことは大事です。そのためには、「何か」を「すてる」ことも有効でしょう。「すてる」からこそ「見える」もの、「整理される」ものがあるはずです。

　発問は、えてしてあれもこれもとなりがちです。まず「あれもこれも」、分類してみましょう。その類型に即して、１つずつの発問を創出してみましょう。次に、その順序を考えてみます。すると、自然に「はじめ」と「なか」と「とじめ」の３本柱くらいに絞ることが、容易になるに違いありません。それをしっかり握り締めて、学習指導（授業）の場に臨むとよいでしょう。もちろん、中では、臨機の発問も、３つの柱との関係でなら、学習指導目標から逸脱することはないでしょう。Ｉさんの述懐からも、このように学びたいものです。

３．問いを重ねる

　私は、あるとき、小・中・高校の指導者との学び合いの中で、次のよう

な発問をつないでみました。学習（教）材は、次の１句です。
　○　閉ざす子に遠き冬日でありし我　宮野隆一郎　朝日俳壇　1999年２月22日
　　問１　句中の１語を糸口にして、考えさせられたことを述べてください。
これに対して、Ａ・Ｂ両先生は、まず次のように記述しています。
Ａ　朝起きて、「今日も学校へ行かなきゃならないのか。」とふきげんになる自分。行きたくない一心で、通学路のそばのドブ川に石を投げこんで道草をわざと食う。下校するときは、逆に帰りたくない思いでまた寄り道をする。モヤモヤした思いといい子でいられない自分に、腹を立てていた。そんなねじ曲がった子供であった自分をよく知っているのに、大人になった今、自分の子供に、また生徒に常識的なことしか言えない。／　過去の自分と二重写しにみえる相手を前に、「もどかしい」思いしかもてないと言っているのか。（１語「し」）
Ｂ　人にとって過去とは美しい思い出ばかりではない。どんなに辛く忘れがたいものも、押さえきれずこみあげてくるものも、反芻して現在の自分の生活に組み込んでしまうことが、多々ある。／　この句の中で、「子」に対し「遠」く「冬日」のように接していた作者の、深い反省や自分に対する憤りや後悔の念が伝わってくるのは、「し」という言葉からである。作者は、これから「子」に優しく接するのか、わかっていても動けないのか、未来を想像することは難しいが、「し」という言葉からは、過去の「私」とは違う現在の「私」未来の「私」がうまれてくることが感じられる。（１語「し」）
受けて、私は、次のように問いをつないでいきました。
　問２　ア　閉ざす子で遠き冬日にありし我　　イ　遠き日に閉ざす冬日でありし我
　　　この２つと比較した上で、
　　⑴　ア・イともとの句との違いを、グループで吟味し合いなさい。
　　⑵　「冬日」に「遠き」がついているわけをも、つきつめ合いな

(3)　「我」(教員と仮定する。)に対して、メッセージを送りなさい。

その中で、私は、各グループに、次のことをも確認し合ってもらいました。

　○　「冬日」の日常生活での実感を前提に、「我」の心情は、次のどれに近いと考えるか。
　　(a)　「冬日」で、しかも「遠き」でしかなかった。
　　(b)　「遠き」ではあるが、「冬日」ではあった。
　　(c)　まぎれもなく「冬日」であったし、しかも「遠き」でもあった。

これに対して、グループでの討議を踏まえて、先のA・B両先生は、次のように記述しました。

A　一人の人間の力には限界があり、またその時々の状況も刻々と変化しています。ある時には有効である言葉も、次の瞬間には、力を失っている場合もあります。／　あなたは、御自分のいたらなさを悔いておられるようですが、生徒に対した時には、力にならなかったあなたの言葉や態度が、現時点ではあなたの思う以上に力を与えているのかも知れません。生徒のなかに芽生えた力をもっともっと信用していいのではありませんか。／　お元気でご活躍くださいませ。

B　ぴりぴりと肌をさすような冷たい空気のながれる冬は、日の光が待ち遠しいものです。普段は、気にもとめない太陽を、「今日も出ているかな。」と見上げてしまうのも、「冬」だからこそです。あなたの「子」に対する態度は、「冬」という季節であったかもしれませんが、優しく温もりのある「日」であったと思います。どんなに「遠」くからでも、日の光は、すべてのものを照らします。「日」を見るものは、遠くであっても、自らを照らしてくれる「日」を、幸せな気持ちで、でもさりげなく受けとめるのでしょう。春のような暖かさではなく、「冬」のように、厳しさの中に温かさのあるあなたを、少しうらやましく思

います。
　このように、問うということは、学習者の中にある真情に、さまざまな角度から揺さぶりをかけていくことでしょう。この句の作者と同じ立場にあるＡ・Ｂ両先生は、こゝでの学習者としての立場の原点に、それを引きつけては、「たまらなさ」を共有することによって、自らの置かれた状況の中で、「ことばを通して生きぬく」力を、つけていったに違いありません。１つ問いに学習者が反応する。そのことばの核心を「きゝ」分ける。そこから、初めて、学習指導目標への生きた一里塚が立ち現われてきます。次の発問は、それにこそ導かれて、紡ぎ出されていきます。

４．確かで豊かな発問の生成へ

　谷川俊太郎に、「かなしみ」という詩があります。この詩を学習（教）材にした場合です。
　○　あの青い空の波の音が　／　聞えるあたりに　／　何かとんでもないおとし物を　／　僕はしてきてしまったらしい　／／　透明な過去の駅で　／　遺失物係の前に立ったら　／　僕は余計に悲しくなってしまった[39]
　学習指導の目標は、「私たちは、どんな『おとし物』をしてきたのか。」です。明日の指導者であろうとしている「国語科教育法」の学習者たちは、次のように学習指導を展開しました。その発問体系とそれに対する２人の学習者役の反応とを辿り、「生成」過程を吟味してみましょう。学習指導の目標が、このように確認されます。すると、学習指導の展開は、とりもなおさず、発問体系を、学習者の反応を中に、「汲む」「つなぐ」「創る」と、どのように動的に構築していくかです。この指導者は、４つの柱を立てて、「創造」への道筋を模索していきました。
　⑴　学習（教）材のことばへと、どのように焦点化できるか。
　　　《発問１》　この詩は、二連からなっています。私の朗読をきいて、各連から１つずつ注目した「語」を抜き出し、そ

　　　　　　　　の2つの「語」が、あなたの受け止め方の中では、ど
　　　　　　　　うつながっているかを、説明しなさい。
　　　A　「おとし物」・「悲しく」——「おとし物」によって「悲し
　　　　さ」が生じる、という関係。
　　　B　「おとし物」・「透明な」——みつからない「おとし物」を象
　　　　徴している。
　この詩は、2連からなっています。学習者が、「ことばを通して」どの
ようにこれを受け止めているかを、確かめています。こゝから出発した上
での学習者の多彩な反応のあり方にこそ、以下の発問の方向が、示唆され
ていきます。
(2)　その「語」の一般的な意味の範囲を、まずは確認できるか。
　　《発問2》　それぞれの「語」は、一般的にはどのようにつかわれ
　　　　　　　ていますか。例文を1つずつ作った上で、この詩の中で
　　　　　　　の意味と比べてみよう。
　　　A　1．私は、彼が拾って持ってきてくれるまで、おとし物をした
　　　　　ことに気付いていなかった。——この詩の中では、非物質的
　　　　　なものとして扱われている。
　　　　2．私は、友達とけんかをして悲しくなった。——一般的にも
　　　　　あると思うが、深い悲しみだと思う。
　　　B　1．私は、おとし物のペンを先生に預けた。——過ぎ去ってし
　　　　　まった過去
　　　　2．私は、透明な水槽で魚を飼っている。——純粋な
　一見、日常のことばそのまゝのようにも受け止められる「語」が、高度
な比喩表現の成果であることに気づかせることができます。その結果、表
面的な「理解」に安住することができなくなりましょう。このように、深
めるための発問の工夫が、求められます。
(3)　構造の中で、特に有機的な関係にあることばから、揺さぶりをかけ
　　る。
　　《発問3》　次の2つの問いに、答えなさい。

　　　　　　1．どんな「おとし物」をしたのか。　2．いつよりも「余計に」か。
　A　1．充実した日々や、青春時代の価値観。　2．おとし物をしたことに気づくよりも。
　B　1．かけがえのない過去の美しい思い出。　2．遺失物係の前に立つ以前、「おとし物」がけっしてみつからないとわかったときより「余計に」。

学習者の「理解」を確かめ、「価値」学習への深化をも誘った上で、その成果を、より深い次元へと、さらに誘います。そのためには、主題に直結する「ことばを通して」の発問を、示さなければなりません。より濃密な集団思考の場の可能性が、そこに芽生えます。

(4)　比較・否定により、共通点よりも相違点を発見できるか。
　《発問4》　改めて、各連から1つずつ注目した「語」を抜き出し、受け止め方がどう変ったかを、説明しなさい。
　A　やはり、「おとし物」と「悲しく」が、キー・ワードとなると思う。「余計に」とあることからも分かるように、遺失物係の前に立つ前も、「僕」は悲しかった。それは、おとし物をしたからだろう。そこの所が、関連していると思う。
　B　「おとし物」と「透明な」から、「おとし物」と「悲しく」に変化した。それは、この詩の中にこめられているもう取り戻せないのが、悲しくなってしまうほど大切な「おとし物」をしてしまった、という気持ちが、読み取れるからである。勉強する前よりも、ずっと深く内容について考えられるようになった。

改めて、(1)での自らの「理解」を振り返ります。(3)での到達点の観点から、自己評価を迫られます。自己変革の具体的なありさまが、「ことばを通して」具体的に自覚されてきます。こゝに、1人ひとりへの「評価」としての発問、つまり「理解」し支えて、その一歩先を指し示す意味で、確かで豊かな発問を、出発させることができるのです。

おわりに

「きく」からこそ問える。――「問う」ことには、マニュアルはありません。学習者集団と指導者とが、ことばの「沈黙」において、どこまで深く響き合えるかでしょう。明日の指導者であろうと努力してきた私の学習者たちは、その成果を、次のように述懐しています。

 C　「ので」――私は、「手ぶくろを買いに」で、授業を考えさせて頂きました。三行を深めていければと思い、みんなでなやんだのですが、何かふにおちない点がありました。しかし、私にはそれが何かわからず、人に授業をさせてしまうことになりました。先生から頂いた御講評で、全ては解決しました。／　自分のうぬぼれやふがいなさを、たったの一語「ので」で気付かせて下さった先生に感謝しております。(後略)

 D　「ゆさぶり」――「学習者にゆさぶりをかける」という言葉を、先生は何度もくり返しおっしゃいました。最初の頃は、よくわからなかったこの言葉も、今では、学習指導案を考える上で、とても重要なものとなった。私にとって、この学習で得た、最も重要な言葉は、やはり、すぐに頭に浮かんだこの言葉であると確信している。

「ことばを通して生きぬく力」を、育む。――国語（科）教育の目標を、このような「学力」観に基づいて、学び合います。知識や技能を、矢継ぎ早に注ぎ込んでは、量としてたくさんストックしておき、後の要求に従っては、タイムリーに小出しにする「能力」が、ひたすらに要求されてきました。上の３人の自省や洞察の力を、何とかしてさらに錬磨し、「何のために問うのか。」「なぜ、問えないのか。」――「『きく』からこそ、問える。」へ、立ち戻りたいものです。

結語

　私は、何を求めつゞけているのか。我がこととして、常に厚い壁にぶつかりつゞけています。
　1つには、ことばの非力さを、日々痛感させられることです。現象面としての学習者の「喧騒」「沈黙」との奥処に、もう1つのことばそのものにとっての「沈黙」の存在に、触れなければなりません。触れた、と思ったら、学習者の次のことばは、それをするりとすり抜けてしまいます。何とかして、この「沈黙」の沃野を、共有しなければなりません。
　2つには、そこから、学習者とともに、どこへと向かうかです。混迷する状況の中で、「価値」ある「目標」を、常に再構築しつゞけねばなりません。どんなに到達困難に思えても、そこへと向かうことなしには、学習過程が充実することはない、そのような目標が、要ります。
　3つには、日々具体的に交わし合うことばを、「理解」「表現」の両面で、輝かさなければなりません。今日出会った1つことば、今日発信できた1つことばが、今までとは違って、「生きる力」の根基に、何かを刻みつけつゞけるようでなければなりません。
　4つには、これらの理念を、教室で具体的に実現するためには、「発問」の質とその体系とを追究しては、改善しつゞけねばなりません。必然の「発問」が、求められています。
　私は、こう求める中で、「新教育」での先学の営為にこそ、学ぶべきだ、と念じています。

注
1）早瀬秀「話しかける」詩集『ぷるんぷるん』1993（平成5）年1月5日刊　私家版　所収
2）新川和江「わたしを束ねないで」『新川和江詩集』現代詩文庫　64　1975（昭和

50）年10月30日　思潮社刊
3 ）栗田勇「沈黙の思想」1980（昭和55）年 7 月 1 日付　毎日新聞夕刊掲載
4 ）マックス・ピカート『沈黙の世界』佐野利勝訳　1964（昭和39）年 2 月 5 日　みすず書房刊
5 ）太宰治『井伏鱒二選集』第四巻「後記」所収　『太宰治全集』11「随想」1999（平成11）年 3 月25日　筑摩書房刊
6 ）垣内松三『国語の力（再稿）』国語教育名著選集　1977（昭和52）年 3 月20日　明治図書刊
7 ）壷井繁治「黙っていても」『日本詩人全集』25　壷井繁治他　1968（昭和43）年 2 月10日　新潮社刊
8 ）茨木のり子「言いたくない言葉」『茨木のり子詩集』現代詩文庫　20　1969（昭和44）年 3 月 1 日　思潮社刊
9 ）茨木のり子「聴く力」同上
10）大村はま「心を語るひびき」『大村はま国語教室』13　所収　「やさしい国語教室」中「よく聞こう」　筑摩書房刊
11）長田弘「黙されたことば」「音楽」1995（平成 7 ）年10月 1 日　朝日新聞朝刊
12）秋山駿「沈黙のふちから切りとった言葉」1995（平成 7 ）年 3 月27日　朝日新聞朝刊
13）くどうなおこ「おいで」『のはらうた』1992（平成 4 ）年10月27日　童話屋刊
14）仙厓和尚（1750〜1837）　九州博多聖福寺住持
15）長田弘「風景」『世界は一冊の本』1994（平成 6 ）年 5 月30日　晶文社刊
16）河合隼雄「ただ座っていること」「おはなしおはなし」1992（平成 4 ）年11月29日　朝日新聞朝刊
17）杉みき子「ゆず」『日本の名作童話　加代の四季』1995（平成 7 ）年 4 月30日　岩崎書店刊
18）くどうなおこ「ねがいごと」『のはらうた』1992（平成 4 ）年10月27日　童話屋刊
19）榊原礼子「落ちる」『日本現代詩大系　No.3』1988（昭和63）年11月　檸檬社刊
20）早瀬秀「割る」詩集『漫歩』1997（平成 9 ）年 3 月 1 日刊　私家版　所収
21）夏目漱石「坑夫」『漱石全集』第 3 巻　1966（昭和41）年 2 月18日　岩波書店刊
22）夏目漱石「行人」『漱石全集』第 5 巻　1966（昭和41）年 4 月23日　岩波書店刊
23）上利祥子「四人の卒業生」「小さな目」欄　1996（平成 8 ）年 6 月 4 日　朝日新聞朝刊
24）島田虔次『大学・中庸』新訂中国古典選　1967（昭和42）年 1 月 1 日　朝日新聞社刊
25）松岡淳子「忍耐学んだ 3 年間」「ひととき」欄　2001（平成13）年 8 月23日　朝

日新聞朝刊
26）内田善彦「『読むこと』と『聴く』ことと」『図書』1982（昭和57）年6月号　岩波書店刊
27）長田弘「立ちどまる」『世界は一冊の本』1994（平成6）年5月30日　晶文社刊
28）加藤瑠里子「咲く前の桜」「俳句時評」（加藤楸邨の句について）　1994（平成6）年6月26日　朝日新聞朝刊
29）大岡信「折々のうた」（三浦樗良の句について）　1994（平成6）年3月21日　朝日新聞朝刊
30）金子みすゞ「明日」『金子みすゞ全集　Ⅲ』1984（昭和59）年8月25日　ＪＵＬＡ出版局刊
31）酒井大岳「吹雪の中、泣き合った二人」「あいさつ抄」欄　1994（平成6）年5月29日　朝日新聞朝刊
32）新川和江「すいせん」『新川和江詩集』現代詩文庫　64　1975（昭和50）年10月30日　思潮社刊
33）田村隆一「木」『田村隆一詩集』現代詩文庫　1　1992（平成4）年3月30日　思潮社刊
34）唐木順三『唐木順三全集』第9巻　1968（昭和43）年2月25日　筑摩書房刊
35）大江健三郎　ＮＨＫラジオ第1　中村元・山田太一氏との鼎談　1995（平成7）年1月3日
36）菅井健吉・湯沢正範『ことば＝語彙の教育』国語教育叢書　6　1988（昭和63）年1月15日　三省堂刊
37）鷲田清一「教育の臨界点」「ウオッチ論潮」欄　1999（平成11）年6月29日　朝日新聞夕刊
38）拙稿「発問の前提」山口大学教育学部附属教育実践総合センター研究紀要　第12号　2001（平成13）年3月1日刊
39）谷川俊太郎「かなしみ」『谷川俊太郎詩集　Ⅰ』角川文庫　1968（昭和43）年12月20日　角川書店刊

第Ⅰ章 「新教育」は、どのように出発したのか

○ （前略）一日五時間の課外の中、二時間を実態調査に費し、一時限を児童教師相互の学習計画に費し、あと二時限は、愈々研究にとりかからんとして、教師側にも、児童側にも、研究資料がなくて無為にすごす。そうして問題を家庭作業に持ちこむ。家庭では、旧式の参考書と、詰込主義の家庭教師によって、問題が解決される[1]。

敗戦の翌々年、ある実践者は、「新しき所のみに重点をむけて進」む実態が、「基礎教育の本質から逸脱してしまう」事実を、このように指摘し、言うところの「個性教育」が、「人間性全体の教育」であることと同様に、「堅実なもの」でなければならない、と説いています。「新教育」は、真面目に努力を重ねている集団で、むしろこのような実態を示していたのです。

第１節　何が、問い直されようとしたのか

はじめに

「新教育」が、「画一」を排し、「創意工夫」を求めて出発したとき、「個性の完成と社会連帯性の強化」を「統一原理」としてこそ、「多様の融通無碍の方法」が価値を持つ[2]ことが、強調されつゞけていました。しかし、外発的に押し寄せるこの理念を受けて、実践の場では、早くも、根本的な壁にぶつかり始めていました。何が、問い直されようとしたのでしょうか。

1．ある学習指導の場面から

○　一年生の教室です。いまや、油がのりきって、まことにあざやかな「こくご」の授業が進められています。ところが、突然一児童が、／「先生、おしっこ」／と、用便を訴えました。成行き如何とみておりますと、流石はこの道に錬達の先生だけあって、／「先生はおしっこなどしておりませんよ」と、応酬したものです。そして、さらに語をついで、／「ほら、こんなふうに「おはなし」はよく気をつけないと、とんだことになりますね。正しいことばづかい、はっきりしたもの言いがどんなに大事だかこれでもよくわかるでしょう」／と、すかさず、一本うち込みました[3]。

筆者の小川利雄氏は、「はなしことばの教育がまじめにとりあげられ、いろいろな努力がなされたにもかかわらず、それをうまくきりひらくことが出来なかったというのは何ういうところに原因があったのでしょう。」と、この場面を糸口に、「表現と理解の関係」を指摘しています。
　すなわち、「ことばは固定化されたままでは実は、何等の意味も、価値も」持たないのです。
「ことばがいきてはたらく姿」は、「表現を一つ一つしっかりとおさえてみのがさないところにはじめて、真の理解がなりたちますし、またいちめん、このような理解をすることが表現をほんとうに表現として意味づけること」だ、「国語の指導はけっきょくのところ理解と表現を完うさせること」だ、とするのです。
　「画一的」な「国定教科書」一辺倒であった「国語（科）教育」が、「はなしことばの教育」即「ことばの教育」の本質についての再検討を、早くも迫られていたのです。本文編第Ⅰ章で提起されていた諸問題の実際は、このような現実に裏打ちされていたのです。

2．4つの課題

このような現実の中からは、次の4つの課題が、追究されようとしていました。

1つは、「生きたことば」を、との課題です。従来の「画一化」の中では、「語釈」や「棒読」や「暗記」に終始していた実態から、「真実性」と「明晰性」と「平易性」とをこととすることばに、いかに培うかが、高次な目的としての「民主主義」を目標にしつゝ、日常のことばの沃野に礎をもとめての具体的な方法を、模索することでありました。

2つは、教科書の位置づけの問題です。教科書の学習（教）材群には、旧来は旧来の組織と体系とを持っていました。それが反省されたからと言って、削除や一部取り替えでは済みません。新しい学習指導の目標が体系をなしてこそ、即しての学習（教）材が、独自の「教室」から、自律的な体系を帯していくために、資料や情報の不足を超え、日常のことばをどう生かすかでした。

3つは、「個性の伸張」の問題です。予定調和的な一方的な指導に、一部学習者がいち速くどのように反応するかではなくなったのです。学習者集団の成員に、仮に「高低」の差があったとしても、それぞれの地平からしか「個性の伸張」はあり得ないのでした。しかも、同時に、先の「社会連帯の強化」をも目指す「伸張」の内容と方法とが、厳しく問われたのでした。

4つは、「生活」指導即表現指導の問題です。こゝには、「書くこと」との関連での「生活」指導と「書き方」の関連での表現指導とが、とかく分散しがちな実態への反省があります。その根底には、先の「理解」と「表現」との統合にも通底する根本的な問題が、潜んでいます。「生活より表現へ」と「表現から生活へ」との統合も、その意味でゞした。

このように、「新教育」は、受容まもない時点で、根源的な課題を突きつけられたのです。

3．今日への教訓

　これらの課題は、新しい「指導要領」のもとで再出発した私たちの実践にも、通じています。
　とりわけ「聞くこと・話すこと」を中心にした「音声言語中心」が提唱されている今、「生きたことば」とは何なのか、「情報化社会」や「国際化社会」が強調される中で、同様に、外発的な「マニュアル」に引きずられてはいないか。日常の言語生活の沃野との乖離が、省みられます。
　また、教科書問題も、同質・異質の両面で、今日新たに重い課題を突きつけています。たとえば、「指導要領」の持つという「基準性」と「各学校」「創意工夫」という方向とは、どのように踏まえねばならないのか。とりわけ、地方の文化、地域の文化を学習（教）材化することの奨めは、現実には、どのような教科書観を反映しているのか。厳しく問われているはずです。
　さらに、「個性の伸張」も、デジタル先行、情報の一極集中、メディアの一元化の状況の中で、何でもありか、そうでなければ選別を前提とした振り分けかの、二者択一の論に溺れてしまいはしないか。対等観のもとで、新たな「社会的連帯性」が、求められています。1人ひとりの「個性」をまずは「理解」する。その上で、どの学習者にもあるはずのもう1歩先の価値へと、導く。このことによって、集団学習の場での「個性」は、お互いに揺さぶられて、「伸張」します。
　もう1つの「生活」と「表現」の関係です。「情報化社会」の「発展」の渦中で、児童生徒は、極度の「デジタル」世界への耽溺を、強要されています。現実の「生活」の本来の確かさや豊かさは、常に脅かされています。その結果は、「サイバースペース（仮想現実）」が、まるで「生活」ののように、思考や認識や創造の世界を、席巻しています。このとき、「表現」指導を通して、「生活」を、「生活」を通して「表現」を、との学習指導の場が、改めて求められてきます。

このように、「新教育」の出発期に、いち早く問い直されようとした諸問題は、半世紀以上を経た今日こそ、驚くほどに重なる課題を、私たちに突きつけているのではないでしょうか。

4．私の実践例

　A　風をいたみ萩の上枝の花もなし　　子規
　B　美しき風来て萩と遊びをり　　　　中田みづほ（序章第2節―3参照）

『歳時記』に、こんな句を見つけました。いずれも、秋の風景の中で、「萩」と「風」との関係を、捉えています。これを、季節の身近な学習（教）材として、中学生を学習者に、学習指導を展開してみましょう。単元「秋の花々は、何を誘ってくれるか。」としましょうか。

まず、素材「萩」そのものについての体験や知識、また「〜をいたみ」は「形容詞の語感＋接尾辞の"み"（ので）」で、「山を高み」とか「水を深み」とかと使われるという知識は、基礎的な学力として、確認して出発しておくべきでしょう。

その上で、同じ「萩」と「風」との関係を詠んでも、2人の作者はまったく違った側面を、しかし、いずれも鋭く捉えています。そこで、この違いを確かめ、「理解」を深め、さらには、独自の認識を創造し「表現」するように、段階を追って次のように発問を重ねてみましょう。

　問1　「なし」と「遊び」とのこゝでの具体的な場面を、できるだけ詳
　　　　しく説明してみよう。
　問2　それぞれの「萩」から「風」への呼びかけのことばを、1文で
　　　　創ってみよう。
　問3　2人の作者の「萩」と「風」との関係の捉え方の違いについて、
　　　　考えるところを200字以内で説明し分けなさい。

学習（教）材のことばの優れた表現力は、その一般的な意味を確認するところ止まりを超えて、その独自の価値に及んで捉えられなければなりません。つまり、学習者にとっての「生きたことば」との接点を糸口にして、

「理解」と「表現」との統合の場を保障することが、「個性の伸張」を通して、その「生活」即表現指導の実を上げることにつながるのではないでしょうか。

おわりに

このように、「新教育」の出発期における「課題」は、いずれも今日の「ことばを通して生きぬく力」をつけるために克服しなければならない要を、具体的に浮き彫りにしてくれています。私たちは、これに学び、内発的に足元からの連帯の力を指導力へと結集したいものです。

第2節　「カリキュラム」の創造には、どのような問題があったのか

はじめに

前節で示された「課題」に、「試案」として応えたのが、1947（昭和22）年に出された初めての「学習指導要領」でした。受けて、実践の場では、「社会の動き」と「児童の発達」とをにらんで、これをいかにダイナミックに展開すべきかが、真剣に考え直されようとしていました。

1.「またぐ」から「あるく」へ

詩人新川和江に、「橋をわたる時」という作品があります。
○　向ふ岸には　／　いい村がありさうです　／　心のやさしい人が　／　待ってゐてくれさうです　／　のどかに牛が啼いて　／　れんげ畠は　／　いつでも花ざかりのやうです　／　いいことがありさうです　／　ひとりでに微笑まれてきます　／　何だか　かう　／　急ぎ

足になります[4]

　「新教育」の指針が、「米国諸プラン」の模倣に陥りがちであったり、児童や地域社会の実態からかけ離れがちであったりしていた実情の中で、指導者たちの真摯な実践には、２つの側面が混在していました。たとえて申せば、この新川和江の詩が、伸びやかな展望を持って「橋をわた」ろうとしていながら、一方では、「さうです」「やうです」と表現せざるを得ない本質を持っているのに、似てはいなかったでしょうか。「何だか　かう」は、一面は希望でもあり、一面は不安を抱えていることを、鋭く表現しています。そうであって、「橋」は、渡らねばなりません。

　一方、詩人まどみちおには、「はし」という作品があります。
　○　たまには　てくてく　／　あるきたい　／　いつも　ひとあし　／　またぐだけ[5]

　同じく「はし」を渡るときの心を引き据えてみるとき、こゝでは、「ひとあし」になりがちな現実への反省と、「てくてく」こそがとの展望とが、鬩ぎあっています。「いつも」の中で、「たまには」を求めています。「またぐ」から「あるく」へ——指導者の実践の心に重なります。

２．「生活綜合」と「基礎学力」

　私たちが、現在「単元」を構成しようとするとき、１つには、育むべき「学力」を、どのような活動を保障することによって、獲得できるようにするのか、という問題があります。また、さらには、そのための学習者主体であるよう、どのように具体的な場を設定して、学習者の興味・関心・意欲を高め、態度をも整えていくのか、という問題があります。

　「新教育」における指導者たちも、まずは、単元とは、児童生徒の生活経験の一領域であるとの認識を、確認していました。そこでは、単元は、知識の寄せ集めの連続ではなくて、経験および活動との統一的発展こそが、展望されていたのです。

　そのためには、まずは、意義ある経験や活動を学習者の生活の中から選

択し、それを「スコープ」としていかに配列するか、先学たちは、そこに腐心しました。民主的な実践的生活人を育成しなければならない、との理念からのことです。各学校独自のカリキュラムは、その上に立ち、具体的な「シーケンス」として、確認されました。その理念の柱は、およそ次のようでした。

(1) 社会の一般要求に、応える。(2) 学習者の発達実態を調査する。(3) 自然の生活そのまゝではなく、必要な要素を抽出する。(4) 実態に即しながら、展望を持つ。(5) 生活経験の中から、「意見」を教育の場で再構成する。(6) 中で、基礎学習を反復させる。

すなわち、社会的要求を踏まえ、「経験」を重視した「問題解決学習」を目指しながら、「基礎学力」をもどのように保障するかが、大きな問題となっていったのでした。

3．今日の「学力重視」論

今日の新「学習指導要領」が掲げられて、まだ幾年もたってはいません。このとき、中央教育審議会は、2003（平成15）年12月7日、「答申」をまとめて、およそ次のように指摘しています。

(1) 「確かな学力」育成のための取り組みが必要である。

「確かな学力」とは、知識・技能に止まらず、思考力・判断力・表現力へと、「学ぶ意欲」を重視して求められる学力である。「総合的な学習の時間」での動機づけ、実態に応じた「個に応じた指導」、工夫による「わかる授業」が、即して強調されています。

(2) 指導要領の「基準性」を見なおす必要がある。

「基準性」とは、共通に指導すべき内容の確実な指導に止まらず、「明示されない内容を加えて」指導することも可能である、と説明しています。「基礎学力」要素の「厳選」の側面に加えて、新しく「発展」の方向をも許容したことになります。

(3) 教育課程の適切な実施のために、指導時間の確保が必要である。

確保されにくい現実と、逆に、「確保」のために学校行事が過度に削減されてはいないか。時間割りや「短縮授業」の見直しによる工夫ある「教育課程」が、求められています。
　⑷　「総合的な学習の時間」の一層の充実が、必要である。
　その「目標」や「内容」の検証や評価を進め、「学校としての全体計画」と自己評価による不断の検証が、求められています。
　⑸　「個に応じた指導」の一層の充実が、必要である。
　「習熟度に応じた指導」が、「補充的な学習」と「発展的な学習」とを追加することによって、「効果的」にして「柔軟」かつ「多様」な指導法が、求められています。
　「新教育」出発時の「生活綜合」と「基礎学力」との問題は、なお克服されねばなりません。

4．「生きる力」とは、何か

　このような動きを受けて、文化審議会は、2004（平成16）年2月3日、「これからの時代に求められる国語力」と題して、国語教育と読書活動の充実を図るよう、文部科学大臣に答申をしています。中で、指導の重点は、「読む」と「書く」とに置かれて、他教科をも含めた指導者の「国語力」の向上を、求めています。「価値の多様化」「都市化」「少子高齢化」「国際化」「情報化」の時代とて、情報機器を通しての意思疎通には、「国語力」の向上が、との発想です。
　これは、先の「新学習指導要領」やそれを受けたはずの「中央教育審議会」の方向とは、早くも大きなずれを見せていないでしょうか。基本には、「国語力」の共通認識が、揺れています。言われて久しい「生きる力」とは何かについて、改めての検証が、焦眉の急です。
　たとえば、中村格氏は、「国語教育——その歴史を省みる」で、次のように指摘し、問題の所在を具体的に明確にしています。
　○　ところで、今日の国文学研究・国語教育は、内容はともかく、その

方法意識や自律性において、戦前のそれをどれ程超えるものになり得ているであろうか。また、戦前の指導理念「国民の特粋」「愛国心の涵養」に代わって戦後の教育では「人間性の尊重」「創造力の育成」等が叫ばれてきたが、果たしてそれは、内発的な、自己の精神内容を十分把握した上での主張となり得ていたであろうか。敗戦を機に解放された古典教育は、しかし、今日よくひとり立ちできる指導目標と方法を持ち得ているであろうか[6]。

私たちは、毎日目の前にしている児童生徒の「生活」実態とそこへ至った歴史としくみとを検証し合うことによってのみ、外発の騒音にまみれない、「カリキュラム」を創造できるのです。

おわりに

今日、私たちにとってのやむにやまれぬ「スコープ」とは、何か。同じく「シーケンス」とは、何か。混迷をつゞける状況であるからこそ、この両軸から必然する学習指導目標・内容・方法を、指導者集団で、確かめ合わねばなりません。それは、「新指導要領」が、明示している「各学校」「創意工夫」への奨めを、素直にかつ具体的に受け止めて出発することを、求めています。

第3節　「児童生徒の側に立つ」

はじめに

「新教育」は、民主主義を目指して、とりわけ「個性の尊重」を中心に据えて、出発しました。それは、「社会的責任」との関係でこそ求められる、と確認されたとは言え、「個性の尊重」自体が、それがゆえに、必ずしも具体的に追究されたとは言えなかったのではないでしょうか。

1．「相互依存の社会性」

　宇部市立神原中学校の岩松文彌校長は、学級という「社会の縮図」の中での「相互依存の社会性」(「資料編」第Ⅰ章第3節【資料8】参照）の大切さを指摘して、児童生徒の側に立つ根基を、説きました。今日、「個性の尊重」や「学習者中心」を説きつゞけるとき、この観点を省みる必要があります。

　詩人竹中郁に、「足どり」という作品があります。
　○　見しらぬ人の　／　会釈をうけて　／　こちらも丁重に会釈をかえした　／／　二人のあいだを　／　ここちよい風がふいた　／／　二人は正反対の方向へあるいていった　／　地球を　一廻りして　／　また出会うつもりの足どりだった[7]

　児童生徒は、1人ひとりみんな違った生活環境を背後に背負って、学級の1人となっています。従って、当面する学習内容や方法やについての反応には、当然その独自の前提や視点やを、持っているはずです。また、その思考や認識や創造への過程には、速い遅いが、当然あるはずです。

　このような、実は「見しらぬ人」同士としての存在が、前提になっているとすれば、たゞお互いに「会釈」をし合うことだけを、目標にした学習（指導）は、皮相の感を免れません。先の過程を無視した予定調和的な「正解」に寄り添い合うだけの「会釈」では、「生きる力」に資するとは言えないでしょう。1人ひとりの独自性・個性は、どのような展望のもとで、「会釈」をまずは求めるのでしょうか。こゝに、「相互依存の社会性」の根基があります。

　竹中郁は、「会釈」止まりの「ここちよい風」に、安住してはいません。「二人は反対の方向へあるいてい」くからこそと、本当の「出会」いを展望しているのです。

2．個性と社会性

　山口師範学校女子部附属中小学校では、1949（昭和24）年５月に、『家庭生活指導のしおり――一週間五日制に関連して――』と題する冊子を、刊行しています。その冒頭「一、新教育とはどんな教育でしょうか」の中で、「生活中心の教育」での「個性」を、こう位置づけています。

○　生活中心の教育では、子供が自分から進んでやることが何より重視され、又子供の夫々の個性が尊重されます。然しいくら自発活動や個性が尊重されましても、これは方手落ち（ママ）でありまして、人と協力して仲よくやることができなければなりません。個人主義や利己主義の者ばかりでは生活そのものが成立いたしません[8]。

　また、山口県熊毛郡平生小学校は、1952（昭和27）年12月刊行の冊子『路傍の小草』の中で、「自主自律教育の特質」について、「児童一人一人を生かす」と題して、こう述べています[9]。

○　こゝに五十人のクラスがある。その顔は一人一人ちがっている。知能も、性格も、健康も、そして家庭環境も、これまでの生い立ちも――これからの生活設計も、その、運命も一人一人ちがうであろう。"このちがった五十人の児"、同人は一教科の研究家になるよりも先ず第一に児童一人一人に徹し常に輝かしい児童のひとみに敏感であらねばならない。

　また、「基礎的態度を全員参与で」と題しては、こう述べてもいます。

○　強圧を抜きにした、自主と自立の上に立つ方法で、根気よくやり抜くこと。その間児童から色々の教育方法を教えられる。児童が方法を考え出してくる。

　「新教育」は、真摯な受容の中からこそ、このような原点が、常に見据え直されていきました。

3．知の一極集中

　「児童生徒の側に立つ」学習指導は、このような先学の営為に支えられて、今日、その苦悩をどのように克服し、展望を持つことができているのでしょうか。いや、むしろ、「情報化社会」や「国際化社会」推進の状況の中で、事態は一層根源的な壁にぶつかっています。
　1つは、「バーチャル（仮想現実）化」、2つは、「グローバル化」、そして、これらの上にたった「知の一極集中化」が、教育にも有無をいわさぬ内容や方法で、押し寄せています。
　「児童生徒の側に立つ」ことが、「基礎学力」を阻害するとの考えが、「教育の規制緩和」論議のもと、「情報機器」を駆使して、一定の目標による「学力診断テスト」が、「集中力」や「授業態度」を変革した、とします。その結果、「個に合った内容に取り組むチャンス」が、保障されてきた、とします。この「個に合った」は、「児童生徒の側に立つ」と、同じでしょうか。
　また、この「合った」とされる「個」の中に、実は孤立させられた「個性」は、さらに「仮想現実」の中で、量と速さとを強いられてきてはいないでしょうか。先の竹中郁の「足どり」が歌い上げた「ここちよい風」は排除されて、た〴〵「正反対の方向」を目指してさえいます。こゝには、「また出会う」可能性は、あるのでしょうか。
　さらに、このような内容や方法は、国家や民族の次元でも、その国や人々の独自性を否定して、1色になべてしまおうとしています。どんなに小さな国や民族でも、そこには、他に2つとない言語や宗教やを中心とした独自の文化が、あります。歴史としくみとが、あります。同じように、「新教育」受容期の先学が「相互依存の社会性」とて追究して止まなかった原点が、これでは無視されています。「知の一極集中」から、児童を救い上げなければならないときです。

4．「児童生徒の側に立つ」

次のような短歌の作者に、教えられます。
A　よそ見する者が居たっていいと思う「一丸となって」と云う言葉聞き　紗羅みなみ　朝日歌壇　1997年8月4日
B　読み終えた本を閉じてもまだ心見えぬ遥かな扉の向こう　新庄香代子　同　1999年7月18日
C　不揃いのリンゴを平気で買ってゆくイギリスどこかほっとする国　東牧雄　同　1997年6月9日

また、詩人高田敏子は、「じっと見ていると」と題して、次のように歌い上げています。
○　流れる雲をみていたら　／　雲がいったのよ　／　「いなかのおばあちゃんが　／　ほしがきをたくさん作っていますよ」　／／　消しゴムを　じっと見ていたら　／　消しゴムがいった　／　「なくさずに　だいじに　使って」　／／　金色のイチョウの葉　／　きれいねと見とれていたら　／　「さよなら　さよなら　また来年ね」　／　風にふかれて　散っていった　／／　なんでも　じっと見ていると　／　聞こえてくる　いろんなことば　／　いろんな　おはなし[10]

児童生徒には、この詩の作者のように、自在が許容されるからこそ、「いろんなことば」や「いろんな　おはなし」が、「聞こえてくる」のです。学習（指導）の場は、このような「不揃い」があってこそ、そのお互いのぶつかり合いのなかから、「一丸とな」るのでは決してなく、何でもよいでも決してない「相互依存の社会性」が、展望されるのです。「児童生徒の側に立つ」と、「新教育」での先学が提起しては格闘をつゞけた足跡に、私たち新しい世紀の指導者集団は、どのように学ぶことができているのでしょうか。原点に立ち返らなければなりません。

おわりに

「学力の二極化」ということが、頻りと言われ始めています。混迷を深める状況の中で、「児童生徒」の家庭・社会生活そのものが、学校生活だけではとても判断できない実態を、孕み持つに至っているからです。「児童生徒の側に立つ」の今日的な視点を模索しなければなりません。

第4節 「問題解決学習」は、どのような壁にぶつかったのか

はじめに

「学力低下論」に席巻されながらも、「生きる力」を「学力」の中心に据えつづけた「新学習指導要領」は、その実現を、「総合的な学習の時間」に求めています。その中心には、「問題解決学習」による「自己学習力」が、強調されています。「新教育」も、それを求めていました。

1．何が「問題」なのか

2001年にまとめられた「経済協力開発機構（OECD）」の「学習到達度調査」の報告があります。32カ国の15歳を対象としたこの調査の結果では、「読解力」が、今1つだったそうです。
　たとえば、「洪水で家にとじこめられた女性が、流されてきたヒョウに食物を与える物語」があります。「なぜ食物を与えたのか。」明示されてはいない理由を、推論して説明する問題です。
　OECDの要求する「学力」は、激動する国際社会の中で、どのように「生きる力」を持とうとしているのか、持っているのかが、問われていま

す。これは、児童生徒だけに課せられた課題ではありません。大人である指導者自身が、このような「課題」に、正直にどのように向き合うことができるのかが、問われています。児童生徒の「論理的思考力」の欠如を論い、同時に、「基礎学力の低下」を批判するとき、その児童生徒とともに、このような「課題解決力」を育み合う場を、具体的にどのように構築していくかが、焦眉の急となっているのです。

　○　「がんばろう」と書く児の心が重たくて放課後受けとる学級日誌
　　岩尾淳子　朝日歌壇　1995年5月21日

　私たちは、まずはこの「心」の「重た」さをこそ、共有するところから、出発し直さなければなりません。「がんばろう」だけでは、状況の中では、あまりにも無責任と言うべきでしょう。

　先の「物語」に対したときも、「ヒョウがかわいそうだから。」とか、「動物愛護」とかと、ありきたりの心情語やマニュアルにある標語で、お茶を濁すことはできないはずです。「かわいそう」や「愛護」を、状況の中で、本気で引き据え合うことができるかが、問われています。

2．「個性化、個別化」との落差

　山口県光市三井小学校の先学たちは、1949（昭和24）年以来のカリキュラム研究を、『生活教育の計画』として、発表しました。（「資料編」第Ⅰ章第4節【資料1】以下参照）そこでは、「問題解決学習」自体について、主に2つの側面から、根本的な検討が試みられていました。

　すなわち、1つは、こゝに言う「問題」とは何か、という問題です。「新教育」の趣旨では、「問題」は、児童生徒の「生活経験」に立脚したものでなければなりませんでした。しかし、「実態調査」を如何に厳密に実施したとしても、その「経験」に密着して捉えられる「問題」が、あらまほしき教育の道標になるかどうかに、確信が持てていなかったのです。学級の実態、地域の実態との豊かに接点を確保したとしても、未来に亘る新国家の担い手としての児童生徒を、どの方向に具体的に向かわせるかが、共

通認識になってはいなかったのです。すなわち、「生活を学習に高める」ことが、「社会改造の実践力」になるかどうかが、自問されていたのです。

もう1つは、「教育の個性化、個別化」との関係です。本章第3節で見たように、「個性の尊重」を貫くことは、現代でもそうであるように、その実情と「問題」との落差を、意識せずにはいられません。「個性」の中に潜んでいるに違いない「価値」を、「問題」にどのようにつないで発展させていくかが、問われたのでした。また、「基礎学力」との関係でも、「個別化」することによって、やゝもすれば、知識や技能止まりの注入主義が頭をもたげるだけに、「問題」との落差は、なかなか埋まらないとの実感が、つきまとったのでした。

私たちは、「個性」や「個別」の「個」を大事にすることが、状況の中での「生きる力」を総合的に育むことと、決して背反しないという確信と、それを裏打ちする内容や方法を、編み出さなければなりません。「個」の響き合い、それによる揺さぶり合いが、そこへの一里塚でしょう。

3．「総合的な学習の時間」のために

新しい「学習指導要領」は、その第1章「総則」の「第3」で、「総合的な学習の時間の取扱い」として、その「2」で、次の2点を強調しています。

(1) 自ら課題を見付け、自ら学び、自ら考え、主体的に判断し、よりよく問題を解決する資質や能力を育てること。
(2) 学び方やものの考え方を身に付け、問題の解決や探求活動に主体的、創造的に取り組む態度を育て、自己の生き方を考えることができるようにすること。

こゝに言う「問題」も、また同じ課題を、私たちに突きつけている、と言うべきでしょう。「基礎学力低下」が、一方では、厳しく論われています。そこにのみ拘束されることなく、突き抜けて、「基本学力」としての「課題設定力」を、まず具体的にどのような「価値」あるものとして導く

のかが、求められるはずです。児童生徒の「生活経験」は、とかく「生きる力」に背を向けた方向へと「逃走」しているとさえ、指摘されています。このとき、その内実を「理解」することから出発して、1歩でもいいその先にある「個」に密着した「課題」を示し、お互いに追究し合う場こそが、求められています。「主体的」な「判断」や「態度」も、そこで芽生えます。

　「指導要領」は、そのために、「国際理解」や「情報」など、5つの「課題」例を示しています。また、児童生徒の興味・関心、地域や学校の特色にも応じることを説いた上で、具体的に、「自然体験」や「ボランティア活動」などの「社会体験」などを、提唱してもいます。これらの例示や提唱の1つ1つに、「マニュアル」としてではない切実な「価値」を、どのように確認し合って出発できるか、三井小学校の先学たちの試行錯誤に、導かれたいものです。

　4．私の確認

　私は、明日の「国語（科）教育」の指導者たちに、教育実習を終えた段階で、改めて次のような体系で、「問題解決学習」指導の基盤を涵養することを、求めました。
　　◎　学習指導目標の確認は、学習（教）材開発を求める。
　　　　次の手順で、「学習指導（授業）計画」を構想してみよう。
　(1)　中学生か高校生か、その何学年かを、任意に想定して、今の状況の中で、「ことばを通して生きぬく力」（「国語科」が目指す学力）をつけるためには、何がいちばん求められていると考えるか。
　(2)　その念いを、「学習指導目標」（疑問文での主題文）で、端的に表現しておこう。
　(3)　右の「計画」や「目標」にふさわしい「学習（教）材」を、一つ紹介しなさい。
　(4)　なぜこの作品（表現）をえらんだのか。簡潔に説明しなさい。

(5) この学習（教）材で学習指導（授業）をするとき、どの「語」に焦点を当てるのか。また、「語」の ① 一般的な意味と、② こゝでの独自の意味とを、説明し分けなさい。
(6) この一時間の学習指導（授業）で中心にしたい「発問」を、一つ示しなさい。
(7) (1)～(6)までを、仲間の一人に紹介・説明した上で、(6)について答えてもらいなさい。
(8) (7)を受け止めた上で、以上の「学習指導（授業）計画」を自己評価し、次へのフィードバックの糧にしよう。

指導者にとっての「問題解決学習」指導力や自身の「課題設定力」は、(1)をとりわけての切実な条件として、具体的な学習（教）材開発力や発問構想力によって、錬磨されねばなりません。これらの壁を1つ1つ打ち破ることで、三井小学校の先学の苦闘を、乗り越えたいものです。

おわりに

明日の指導者たちとの実践的な学習の中で、気になったことが、1つあります。この「指導者」たちが、今の児童生徒の「学力」を、信じていない節があることです。「考える力がない」とか「表現力がない」とかとの認識です。ほんとうにそうでしょうか。煎じ詰め合わねばなりません。

結語

経済学者の向坂逸郎氏が、こう説いています。
○ ドイツの哲学者で明治時代の東京帝国大教授だったケーベルが、どんな人が好きかときかれた時、「その生活ぶりにおいても、また考え方においても、少しく古風な人である」と答えたそうです。この言葉が好きでしてね。どんなに進歩的な人でも、どこか少し古風なものを

くっつけてるのが本当だと思うんです。新しいものがはいってくると、さっとそれにとびついて、いつでも時流の先頭に立っているような人間は、どうも信用できません。人間の感情生活ってものは、そう急に変えられるものじゃないでしょう？（中略）／「期待される人間像」はひどい。あんな抽象的で内容の空疎な言葉を並べて、それでいいと思っているのは、どういうことですか。これは、あまりに古すぎる[11]。

「進歩的」と「あまりに古すぎる」との狭間で、状況は、いつも揺れ動いています。中央教育審議会は、その第一回答申で、戦後の教育改革が、多大な努力にもかかわらず、習熟に欠け、必ずしも「我が国の実情に適するとは言いがたい」ゆえに、「民主主義の根本観念にもとらない限り」との条件をつけた上で、「適当な是正」を求めました。（「資料編」第Ⅰ章第4節【資料9】参照）

この慎重な言い回しに、「新教育」実践の歴史が、どのように評価し直されようとしているのか。私たちは、ケーベルの言ったという「少しく古風な」視点から、「適当な是正」を創造的に実現していかなければならないでしょう。その礎は、児童生徒と私たちとの学習（指導）営為の具体にのみあります。内発的な「少しく古風な」改革を、積み重ねたいものです。

注
1) 緑雨生「随想」『学校教育』357号　広島高等師範学校附属国民学校　学校教育研究会　1947（昭和22）年8月
2) 石山脩平「教育方法の原理と討論ほう」『教育研究』復刊第2号　東京高等師範学校附属国民学校　初等教育研究会　1946（昭和21）年8月
3) 小川利雄「表現と理解」『学校教育』（前出）360号　秋号「新学習指導の実態」1947（昭和22）年11月
4) 新川和江「橋をわたる時」『新川和江詩集』現代詩文庫　64　1975（昭和50）年10月30日　思潮社刊
5) まどみちお「はし」『まど・みちお詩集　ぞうさん・くまさん』「美しい日本の詩歌⑤」1995（平成7）年10月10日　岩崎書店刊
6) 中村格「国語教育――その歴史を省みる」1981（昭和56）年7月11日　朝日新聞朝刊
7) 竹中郁「足どり」『ポルカ　マズルカ』1980（昭和55）年3月25日　潮流社刊

8)『家庭生活指導のしおり──一週間五日制に関連して──』山口師範学校女子部附属中学校附属小学校　1949（昭和24）年5月30日
9)『路傍の小草　自立教育の実践』第2輯「計画つくり　教育外活動」山口県平生小学校　1952（昭和27）年12月1日
10) 高田敏子「じっと見ていると」『高田敏子全詩集』1989（昭和64）年6月　花神社刊
11) 向坂逸郎「直言曲言」1966（昭和41）年10月7日　朝日新聞朝刊

第Ⅱ章　「経験」は、なぜ「教科」と対立したのか

　群馬県沼田市立沼田北小学校3年生の「社会科」の学習のようすが、紹介されていました[1]。学習者たちは、「沼田市の農業をしらべよう」という学習（指導）目標のもとで、まず、郊外の「りんご園」を見学しました。学習者たちは、そこで、具体的なさまざまな苦労を実感し、「りんごを自分の子どものように大切に育てている」ことに驚きます。こゝまでなら、今でもよくある「体験学習」で、教室に帰ってから、作文や報告書を書くのが、関の山というところではないでしょうか。

　しかし、沼田北小学校の児童たちは、そこで止まってはいませんでした。
(1)　りんごのつくり方やその苦労、工夫など見学して学んだことを記した。
(2)　(1)と一緒に、代表の手紙を出荷の箱の中に入れさせてもらい、購入者に返信を依頼した。
(3)　返信用のはがきに、各児童が学校の所在地と名を書き、裏に署名もした。
(4)　担任の馬場静子先生からの依頼状をも入れた。

　その結果は、想像に難くないでしょう。予想を超えた文通だけではなく、直接の交流も始まり、学習は、広がり深まったのです。「体験」が「経験」に高まり、「生きる力」となった例です。

　「経験」を重視して、知識や技能の集積とその即座の適用能力に止まらない学力を育むためには、たゞ「体験」させておけばよい、ということでは決してありません。馬場静子先生は、しっかりした「学習指導目標」を、子どもたちとともに、紡ぎだしていきながら、具体的な工夫をも、こらしています。つまり、「体験」を、学習指導の場で、どのように「組織化」

することが、「生きる力」を支える知恵となって実現するか、そのためには、児童の日常生活に密着した地域の特色を、しっかりとどう見据えるかが、前提となっていたのです。

第1節　「経験の組織化」か、「組織の経験化」か

はじめに

山口県下の「新教育」の推進に主導的な役割を果たした『光プラン』(「本文編」・「資料編」第Ⅱ章第1節参照)は、単なる活動の弊害と文化的価値への憧れとを両にらみし、「経験の組織化」と「組織の経験化」との統合を追究しました。経験主義に基づく単元学習へのどのような反省によったのでしょうか。

1．表現への昇華

愛知県立小牧工業高校での「国語表現」の授業が、紹介されていました[2]。指導者の清水良典先生は、学習者の実態を、こう確認します。
○　「若者は無関心、無感動に見えながら、実はまことに敏感です。他者と交わって傷つくことに耐えられず、常に他者との距離を測っている。無視やあいさつしないことがあいさつ、ということもある」

この認識の上で、清水良典先生は、「未知の人に筋道立てて話す必要に直面」させます。つまり、「社会のさまざまな人に話を聞いてその成果を発表する」という具体的な目標でのことです。産婦人科医を訪ねた男子学習者、火葬を目のあたりにした学習者。その訪問の約束をまずはとりつけることから始まって、「七転八倒」、訪問先での「体験」の結果、「女性観、人生観が一変」と、その驚くべき吸収力が、清水良典先生を、感動させました。「国語表現」の内容が、どのようであったのか、「生きる力」が、ど

のような「価値」となったかは、想像に難くありません。
　こゝには、つぎのような原則が、しっかりと見据えられていました。
(1)　学習者の「無感動」の真情を、深く「きゝ」わけるところから、出発している。
(2)　その「無感動」を逆手にとって、そうではいられない「場」を、具体的に設定する。
(3)　学習者1人ひとりの個性や当面する、あるいはさせたい深刻な問題に、直面させる。
(4)　そこには、指導者の状況認識からくる、「価値」としての指導目標が、しっかりとある。
(5)　「経験」での発見や感動をこそ、表現活動の「場」で発信し、昇華させる。
　このように、「経験の組織化」即「組織の経験化」は、二元論に陥って、「はいまわる」だけの単なる「体験」に終わるのか、そうでなかったら、知識や技能の「組織」を、固定した文化遺産として、「経験」のあるべき実情の中に無理に押し込んでしまうのか、そうであってはなりません。清水良典先生は、さらにこの実践目標を、4人の指導者集団の中で、独自に作り出していったとのことです。共同討議を経た、確かで独自の学習指導目標・内容・方法だったのです。

2．「生活課程」と「研究課程」

　先に紹介しました『光プラン』の先学たちは、「経験」重視の「新教育」思潮の中で、次のように、避けられない2つの側面の統合に、腐心しつゞけました。
　すなわち、児童生徒の生活の中から、最も自然な関心、興味を、まず糸口とします。その上で、児童生徒自身の「生活課題」をつかませます。その解決こそが、世に言う「経験単元」である、と受け止めていました。それに対して、学習すべき内容には、受け継がれなければならない文化遺産

の持つ、一定の組織と系統とがあります。指導者は、それを「教材」として、予定しなければなりません。当時、「経験単元」ととかくぶつかり合ってこざるを得なかった「教材単元」の側面でした。「経験」か、「教材」か。一見二律背反に見える現実が、問題となったのです。

こゝには、社会的に求められていた「新教育」の根基が、知識や技能の注ぎ込みではなくて、児童生徒の「経験」を通すことにあったのですから、前者が、貫かれるべきではあったのです。しかし、現実には、言うところの児童生徒の「関心、興味」、つまりは「学習意欲」につながる確かで豊かなものとして立ち現れてくるかというと、必ずしもそうではありえなかったのです。だからと言って、児童生徒の現実の「学習意欲」に関わりなく、予定されたまゝの「教材」を、無理やりに注入したのでは、「画一」と批判され出発した「新教育」の根本に、もとります。

そこで、『光プラン』の先学たちは、共同討議の営為の中から、この2つの現実に即して、「生活課程」と「研究課程」との2本柱を設定して、先の二律背反を超えようとしました。すなわち、「教材」の持つ「論理性」に厳しく注目して、とかく「経験」の杜撰な取り込みになりがちな現実の中に、それを「能率的に」かつ児童生徒の発達段階や能力に即して、努めて問題解的手法を堅持しながら、調整していこうとしたのでした。

3．「総合」を求めて

このような問題は、今日、「総合的な学習の時間」に象徴される「経験」を重視した「問題解決学習」が、すでに孕み持ち始めている課題の根本に、通底しています。さらには、その現実の中で、国語（科）教育の独自性が、どのように確認されているのか、いないのかが、問われます。

「国語」の「学力」は、今日、およそ次のように確認されていると言えましょう。

(1) 体系的・系統的に獲得したことばの知識や技能を、具体的な言語生活の場で、生きたものとして駆使できる力

(2) 伝達の側面だけではなく、内言としての思考や認識や創造にこそ働く力
(3) 情報を収集・操作・整理など、適切に処理して、独自の課題解決に資することのできる力
(4) 学習過程での関心・意欲・態度などの持続的な集中・深化の力

　たとえば、中でも、最も基本的とされる(1)の「学力」構造にも、「前半」「後半」に、やはり先の２つの側面が、含まれています。「体系的・系統的」と「生きたものとして」との、２つの側面です。以下、そうでありつゝ、今日でも、どちらかと言うと、「教材」ないしは「研究」よりも、「経験」ないしは「生活」に、改めて力点が置かれている、と言えるでしょう。それだけに、「新教育」の先学たちが格闘した問題は、改めて私たちに具体的な警告を発しているのです。

　そこで、「総合」を求める前提として、今１度、「国語（科）教育」の独自性探究の原点に、立ち返ってみる必要があります。「ことばを通す」という独自性の原点にこそ、すでにすでに「ことば」という「研究」を前提にした沃野が、あります。と同時に、児童生徒の「生活」を「通す」ことなしには、学習者主体の学習指導は、「一人ひとり」や「個性」を、「選別」からの競争原理に逆戻りさせるための口実に、なり下がってしまうでしょう。そのためには、状況の中での価値ある学習目標が何であるべきかを、「ことば」の機能の本質に密着して確かめ合い、「研究」に溺れず、「生活」に戯れず、「総合」の本道を求め合いたいものです。

４．「価値」ある指導目標を

　児童生徒の生活活動のまとまりによって、学習を組織する。この「まとまり」と「組織」こそが、知識や技能の系統性・体系性を前提とした旧来の学習指導法を、具体的に克服しなければなりませんでした。この両者の根本的な違いは、端的には、開発すべき学習（教）材の体系化の基準に、帰結しましょう。学習者にとって、その関心や興味との接点を持ちながら、

しかも、状況の中で、「価値」ある学習指導目標によって「まとまり」や「組織」を持ち得ている。そうでなければ、単に、ジャンル別やスキルの段階による系統性・体系性が求める「学力」を超えて、「生きる力」を保障することにはならないでしょう。

こんな例で、具体的な発問に合わせて、考えてみましょう。

《学習（教）材》　①　いちばんのねがいごと

　　　　　　　　　　　　　　ミヒャエル・エンデ作　川西芙沙訳[3]

――ねがいごとが全部かなえられたら、どうなってしまうだろう。しあわせなのか？ふこうなのか？――（ママ）

《学習（教）材》　②　しあわせ

　　　　　　　　　　　　　　レイフ・クリスチャンソン作　二文字理明訳[4]

しあわせってなに　／　夏の太陽　／　それとも　ふりつづいた　／　雨のあとの太陽だろうか（１連目抄出）

この①を、「全部」に焦点を当てて学習し合うとします。あの「魔術師は、いい人だったのか、わるい人だったのか。」――こう突き詰めていったあとで、②の１連を捉えて、たとえば、(1)「それとも」は、何と何とをつないでいるか。(2)　２つは、どこが違うのか。(3)　なぜ「あと」の太陽が、「しあわせ」を感じさせるのか。――このように問うてみては、いかゞでしょう。

「まとまり」と「組織」とは、随所でこのように意識されたいものです。

おわりに

「経験の組織化」か「組織の経験化」かは、決して二律背反ではありません。何よりも、状況の中での「生きる力」の方向を、「価値」ある学習指導目標に、しっかりと見据えることです。「経験」は、ことばを通した想像力に生きます。「組織」は、分析の結果ではないのです。

第2節　国語（科）教育の独自性は、どこにあったのか

はじめに

　経験主義に基づく国語（科）単元学習の探究は、社会科中心で出発した「新教育」の中で、その独自性が、とかく見失われがちでした。「中心学習」の社会科や理科に対して、「周域学習」ないしは「道具学習」といった考えが、実態を混乱させていったのでした。

1．ことば「道具」観

　詩人辻本耀三に、「好き」と題した次の作品があります。
○　俺の毎日であう人達　／　だれも　だれもいう　好き　／　でも　みんな同じではない　／　好き　／／　好きをまん中にして　／　その周囲をいろんな角度から　／　俺たちは漫然と話している　／／　一秒　一分　一時間　／　蠢いて　のたうたせ　／　好きを変化させながら　／　俺たちは　話している　／／　好きに　粉をまぶして　／　天ぷらにして　／　まわりをまさぐり楽しんでいる　／／　こんな俺たちは呆けた顔をして　／　好きをこの上もなく愛し　／　顔をいびつにして　喜んでは　／　好きをあきもせず連発している[5]
　ことばが、「ことば」以外の何かを達成するために、手段としての意味しか持たないならば、その「何か」の側で確認された価値やそこへの基準に、ことばが寄り添っていけばよいことになります。とりわけ「世間」が1つ方向を目指して躍起になっているときには、辻本耀三の歌い上げるように、その「マニュアル」に忠実でさえあれば、無難に生きることができます。しかし、その自分の顔は、「喜んで」いながら、「いびつ」であることを、意識しないではいられません。

また、詩人金子みすゞには、「海とかもめ」と題した次の作品があります。
　○　海は青いとおもってた、／　かもめは白いと思ってた。／／　だのに、今見る、この海も、／　かもめの翅も、ねずみ色。／／　みな知ってるとおもってた、／　だけどもそれはうそでした。／　空は青いと知ってます、雪は白いと知ってます。／／　みんな見てます、知ってます、／　けれどもそれもうそかしら[6]。
　ことばは、それを通すことによって、「うそ」をも「知ってる」ことの領域に、押し込めてしまいがちです。ことばを「道具」と見做してしまうと、その独自性は、無視されてしまいます。

2．「中心」にとっての「周域」

　山口県下関市立桜山小学校の先学たちは、『新教育指針』等に導かれて、「生活学習の組織」化に努めました。その一覧表が、「国語」の位置をよく表していました。(「本文編」・「資料編」第Ⅱ章第2節参照)
　「新教育」では、戦中の「修身」や「地理歴史」を中心にした学習指導が反省されて、「民主主義」追究の要としての「社会科」や科学的態度を目指しての「理科」に、重点がおかれることになりました。桜山の先学たちは、これを「中心学習」と位置づけ、「社会学習」と「自然学習」とを「内容学習」・「綜合学習」とし、「理解・態度・技能」を育むことを、目的としました。
　それに対して、旧来の「国語」は、「周域学習」「基礎技能の学習」の中でも、「用具の学習」としての「言語」と「表現の学習」としての「文学」とに、分けて位置づけられました。
　その上で、基本的には、後者は、前者つまり「中心学習」に「吸収・融合」されるのです。つまり、「生活」や「経験」を重視するコア・カリキュラムの立場からすると、「国語」の学習指導は、「用具」としての「基礎的」訓練に焦点を合わせなければならなかったのです。

さらに、もう1面の問題は、その「コア」となるべき児童生徒の「生活」や「経験」による「生活学習」が、その「自発的な学習活動」を必ずしも実現しなかった点にありました。すなわち、綿密な「実態調査」を踏まえたとはいえ、そこには、「教師の意図」による歪みがあったのです。この反省は、つまるところ指導者の「教育の目標」と児童生徒の「行動の目標」つまり「経験」との接点を、どのように豊かなものとして実現するかに、絞られていきました。

　すなわち、構造としての「生活学習」は、「新教育」の要として、疑いのないものではあったのです。しかし、その精神としての「目標」に、状況の中での「価値」をどう引き据えるかが、さらに問われてきたのです。「民主主義」の理念が、着実に展望を持ててはいなかったのです。

3.「生きる力」への展望

　今日、学習指導の目標には、改めて「生きる力」が確認されつゞけています。そのために、一方では、旧来の「知識」や「技能」止まりの「学力」が否定されていながら、他方では、その「学力」論にどうやら基づいての「基礎学力低下」の声高な主張が、目立ってきています。前者を、誰もが肯定せざるを得ない切羽詰まった状況でありながら、後者による揺り戻しが強力なのは、なぜでしょうか。そこには、「新教育」がぶつかっていったのと同質の「壁」が、あります。

　すなわち、「生きる力」が、状況の中で、その目標としての「価値」を、確かめ合われていないからです。「生きる力」が、そのことば面だけで、ひとり歩きしているからです。「経験」を重視して、「問題解決的な学習」を通して、学習者主体の「自己学習力」に培う、という理念は、そのとおりなのですが、その「経験」とは、「問題」とは、「主体」とは、となってくると、その「マニュアル」を求めることに精一杯で、従って、その実が上がらないのです。そこに、「基礎学力低下」論の押し寄せる隙が、生まれてきたのです。

そこで、私たちは、今まで誠実に営んできた学習指導の内容や方法やとりわけその目標について、外に「マニュアル」を求めるのではなくて、学習者にとって今こそ求められている「経験」の質と、指導者自身が、状況の中で、切実に求めているはずの「価値」としての目標を、足元で再確認し合いたいものです。そこ止まりでしかなかったことばの「価値」を、もう一歩先へと切り込み合い、状況を変革することのできる「力」のありどころに、確信を持ち合わねばなりません。

４．学習指導目標と焦点のことば

　私は、今年度前期、題目「峠のうた」のもとに、単元を営んできました。その最終回の体系は、次のような目標のもと、それへとふさわしいと判断した開発教材での内容によるものでした。
　◎　今時の学習指導目標——想像力に、「峠」をこえる。——
　　　はじめに　さわやかや橋をゆく日の真昼にて　　木津柳芽[7]
　(1)　蝸牛のように、そして休まず。
　　　　○　風は草木にささやいた　　山村暮鳥[8]
　(2)　見えないものを「きく」。
　　　　○　すいせん　　新川和江[9]
　　　　○　世界戦争の四年目に　　ヘルマン・ヘッセ[10]
　(3)　反極に注意する。
　　　　○　昼の月　　金子みすゞ[11]
　(4)　路傍の小さなものにこそ。
　　　　○　平和とはこんな小さなどんぐりの中に潜んで私を癒す　　西山悦子　朝日歌壇　2001年10月29日
　　　　○　悲しくも藁のにほひにある平和　　下向良子　朝日俳壇　2001年10月29日
　　　おわりに　継続して記述してきた表現の集積をもとに、800字にまとめる。

私は、この単元の展開を通して、「生きる力」にとって、「峠を越える」とはどういうことなのか。単に物理的な「峠」を越えることに止まらず、「生きぬく」ことそのことの過程で、それは、どのような意味や「価値」を持つのかを、さまざまな学習（教）材に揺さぶられて、突き詰め合ってきました。学習者は、それぞれの「峠道」に即し、自己確認・自己変革を遂げたのでした。

　おわりに

　国語（科）教育の独自性は、ことばの単なる知識・技能としての「習得」、語彙の数や量や速さの獲得にあるのではありません。「価値」として、そのことばが、新たな意義をもって、私たちを自己変革の地平へと誘うものでなければなりません。「習熟」が、その目標なのです。

第3節　「国語単元学習」は、どのように展開されたのか

　はじめに

　山口県阿武郡国語同人会の先学たちは、その実践営為の中で、「国語単元学習」の具体的な実践を通して、「具体的な実践記録こそ、もっともりっぱな能力評」との信念を貫こうとしました。(「本文編」第Ⅱ章第3節参照)それは、「価値」の習熟と「実際活用面」の習得との総合を目指させました。

　1．非連続の連続

　明日の指導者を目指す私の学習者の1人Aさんは、「模擬授業」の過程を、発問の観点から自己評価して、次のように「次」を展望しました。

○　私は、石垣りんの「峠」を教材にして、まず、「この詩では、『峠』はどのような意味を持っているか。どんな場所と考えるか。」という発問をしました。すると、その発問には、「山村と山村の間、整備されていない峠にもかゝわらず、村を出るには通らなければならないところ。」という答えが返ってきました。私は、この最初の発問に対して、単にあの高い山、あの深い木陰のとかいうようなところから、険しいとか、困難であるとかいうことを期待したんですけれども、新たに「山村と山村との間」ということばから、「山村」という日常から、峠は非日常であるという、ぼく（ママ）の中で新しいことが読み取れたので、改めて、「峠は非日常的なところであることを理解した上で、この峠が日常と分けられる理由を、本文から考えてみよう。」という発問をしました。それで、深化のためにというには、石垣りんさんの「峠」とは「峠」の持つ意味が違ってくるんですけれども、山本茂美さんの『あゝ野麦峠』という作品から、峠が日常と非日常を分けるということを、深くやってみたいなと思いました。

　１つの学習（教）材で、学習指導目標を握り締めて、精一杯の発問をして、学習者の「経験」との接点を求めて出発します。すると、多くの場合、もうのっけから思わぬ反応が、返ってきます。Ａさんは、「単に」から「新に」へと、指導者自身自己変革を自覚します。その誠実な自己凝視の態度が、新たな学習（教）材の開発を、必然的に要求しました。１つ学習（教）材の中のことばが、「非連続」に見えた価値と価値とを「連続」の体系に向かわせ、「単元」化しました。

２．教科書を生かす

　阿武郡国語同人会の先学たちは、「国語単元学習」の実践に際して、「作業単元」の前提として、「教材陶冶の系統性」と「児童の実際生活」との「止揚」を目指しました。しかし、両者の関係は、前者のあるべき段階と後者のまぎれもなくある実態との間の齟齬を、突きつけました。

第Ⅱ章 「経験」は、なぜ「教科」と対立したのか

　その結果、先学たちは、たとえば第3学年2月、24時間（4週間）をかけて、単元を展しました。
○　単元「映画会」——「単元設定の理由」
　(1)　映画は綜合的な文化芸術として、また綜合的な報道娯楽機関として文化的、社会的意義は大きい。子供の頃からこれに対して正しい理解と自信を与え、正しい目をもたせて行くことはこれからの国民の教養として必要であり、また高い映画文化を形成して行く上にも極めて必要なことである。
　(2)　シナリオは映画の前身であり映画の生命であるがその文章は視覚的であり、描写的であり、印象的であり、且つ具体的である。これを読むことにより想像は逞しくなり、動的な心の絵を形づくる。これを国語学習の資料として使用することは文を深く理解する力を養うのに適している。
　(3)　児童は映画を見ることを好み、この時代の子供の興味の中心は漫画に集まっている。
　(4)　この単元の教科書の資料
　　漫画（象のたび）文化映画（たまごが立つ）物語（コロンブス）さつえい（森のなかま）等読解することによって読解力も養い、言葉への感覚を高めると共に映画を見る目を養い、鑑賞力を養い、映画知識を得させようとするものである。
　こゝには、教科書の「各教材」が、「作業単元の展開え（ママ）の媒介」として、生きています。

3．学習（教）材開発自在

　「生きる力」を求める今日の「学習指導要領」は、夙に「教科書中心」主義を反省して、再出発しています。この理念は、さらに各学校創意工夫の柱の1つとして、地域の文化に密着した学習（教）材の自在な開発をも、奨めています。この理念が、なぜ実践に生きないのでしょうか。

たとえば、遅くとも３月の末には、新年度に担当する「国語」の教科書が決定しています。早速、その目次を開いてみましょう。最初には、たとえば「随想」が設定されています。以下、この体系のほとんどは、「ジャンル」によって分類整理されたものです。そのま、順を追ってこなしていくだけでは、決して「生きる力」に資する「単元学習」が成るはずがありません。
　そこで、この新学期、担当の児童生徒は、どのような学習段階にあるのか、どのような興味・関心をもっているのか。また、状況は、どのような「価値」や真実への開眼を求めているのか。さらには、何よりも、指導者自身が、「生きる力」の中核に、何を据えようとしているのか。その念いから「目次」を吟味してみますと、たとえば、後の方に位置づけられている「物語」こそが、今の今、学習（教）材として、切実な主題ないしは基礎学力を保障していることに、気づくのではないでしょうか。つまり、思い切って、教科書の「目次」の順序を、変えてみませんか。
　次には、その１つの学習（教）材で、学習者とともに、基礎学力・基本学力ともに、どこまで到達することができたか。つまり、「生きる力」は、どのようについたのか、つかなかったのか。「評価」は、指導者自身にも、フィードバックされてくるはずです。すると、そのもう一歩先の「価値」を内在させている学習（教）材が、どうしても求められてくるはずです。「非連続」の「連続」が、指向されます。これすなわち「単元」の一里塚ではないでしょうか。教科書の他の学習（教）材を、自在に次に位置づけることも、必要でしょう。さらには、他の教科科目にもこの発想を求めて、クロスさせたり総合させたりする必要も、そこから初めて生まれてくるでしょう。

４．主題単元の展開

　私は、このような実践の場での必然的・内発的な要求に従って、「主題単元学習」の構築とその発展を、念じつゞけてきました。今、明日の「国

第Ⅱ章　「経験」は、なぜ「教科」と対立したのか

語（科）単元学習」を実践しようとしている私の学習者たちと、次のような「単元学習」を念頭に置いた「国語科教育法」を、展開してきました。
　○　「主題単元」の展開
　(1)　「国語」にとって、「学力」とは何か。
　(2)　主題意識の確認と揺さぶり――三句の「峠」観――
　(3)　主題意識の変革――真壁仁「峠」――
　(4)　「きく」からこそ、問える。――石垣りん「峠」――
　(5)　主題意識の再確認から学習（教）材開発へ――スピーチ――
　(6)　学習指導計画立案――グループ討議――
　(7)　模擬授業　Ａ班――山本格郎「扉」――
　(8)　模擬授業　Ｂ班――宮沢賢治「遠足許可」――
　(9)　模擬授業　Ｃ班――三好達治「峠」――
　(10)　模擬授業　Ｄ班――星野弘「たんぽぽ」――
　(11)　模擬授業　Ｅ班――小海永二「塔」――
　(12)　授業の再構想――安岡章太郎「サーカスの馬」――
　(13)　課題発見力と課題解決力――指導法の工夫――
　(14)　「まとめ」の構想・記述
　１つ焦点の語が、その「価値」に気つくごとに、また１つ語での新たな「価値」を求めて、学習（教）材は開発され、これでもか、これでもかと、「国語単元学習」は、拓かれていきます。

おわりに

　「国語単元学習」は、どのように展開されたのか。阿武郡同人会先学の実践営為は、「新教育」思潮の波に溺れずに、「教科書」をどう生かすかの視点で、１つの可能性を先導しています。私たちも、外発的な「マニュアル」化に溺れずに、「単元」の可能性を追究したいものです。

第4節　「表現学習」は、手段か目的か

はじめに

　ことばは、「沈黙」において、「表現」と「理解」とが、通底している、と申してきました。"「A話すこと・聞くこと」、「B書くこと」及び「C読むこと」"の3領域も、以前「表現」と「理解」との2領域であったことからの転換の必然性如何を、吟味しなければなりません。

1．手持ちの観念

　群馬県立渋川女子高等学校美術科の岩崎孝先生の指導法が、紹介されていました[12]。
　岩崎孝先生は、まず、「想像で松の木を描きなさい。」、と誘います。出来上がった絵は、いかにも堂々たる松だそうです。次に、本物の松を、写生します。「自然の複雑な変化、まとまり、予想を許さぬ展開。それらをたしかめ、自然から学ぶ必要を悟る。」のだそうです。それでも、「本物を、なお手持ちの観念の目で見る。」のだそうです。
　このことは、逆に考えますと、「学」びすなわち「理解」が深まり、既成概念の殻が破られれば破られるほどに、その「表現」の成果は、「自然」の巧みを描くことになるのです。つまりは、「理解」が深まれば深まるほどに、その「表現」力も、深化していくのです。また、「表現」力の深化は、とりもなおさず「理解」力の前進に、資していくのです。
　たとえば、私たちの「作文」指導は、学校行事や特別のことがあったときに、あるいは、単元を展開したとしても、そのとじめでのみ、「到達度」や「成果」を「評定」するためだけに、行なわれているきらいがあります。しかし、この通底の原理からすれば、少なくとも各次元ごと、各発問ごと

に、その段階での「理解」を確かめ、深め、その成果を踏まえて創る「表現」の場が、保障されねばなりません。また、その「成果」は、こまめに確認されながら、さらに一歩先の「価値」「理解」する力になることも、保障されねばなりません。

「表現学習」は、「読解」のための単なる手段ではありません。「理解」と切り離された「目的」でもありません。「理解」が深まれば、「表現」への意欲も高まります。「表現」が高まれば、さらなる「理解」への意欲も深まります。「手持ちの観念」を破りつづけたいものです。

2．「まとまりの急所をつく」

山口師範学校男子部附属小学校の手嶋倫典先生は、社会科などの「中心単元」に対して、「国語」の学習が、一見その「一環」として営まれているかに考えられている点について、「中心単元」「雪国の学校に手紙を書く」場合に即し、説いています。(「資料編」第Ⅱ章第4節【資料43】参照)

すなわち、「中心単元」を「大単元」とするならば、その中での「手紙を書く」目的は、まぎれもなく「言語生活の諸相」の1つを捉えるのであるから、これはこれとしての独自性を持った「国語」「単元」であると言うのです。その独自性は、「言語生活」の「相」の「まとまりの急所をつく」ことによって、成立するとの謂です。

こゝには、「中心学習」かそれとも「周域学習」ないしは「用具学習」かとの、相対論の陥穽にはまることなく、その目的を明確にすることによって、「手紙を書く」という「表現」活動そのものが、単なる知識や技能の集積に堕することなく、「大単元」の価値目標への過程を突き動かしていく独自の役割を担っていることを、明らかにしています。具体的な「表現」活動も、「言語生活」の「まとまりの急所を」このように「つく」ことによって、それ自体「国語」の「単元学習」での体系を持つことができるのです。手嶋倫典先生の「日記」指導は、その典型でした。

つまり、「表現学習」が、「本筋」の学習に対して、えてして「従属」の

関係に置かれ、「経験」を重視する「単元学習」の中では、「基礎学力」としての「用具学習」であるとされがちである実態への、具体的な警告となっていたのです。これは「経験」か「教科」かとの外発的な議論の中で、周到な実践を通して、その相対論を超え、価値ある学習成果を「まとまりの急所をつく」の1点で統合する「国語単元学習」の本質を、鋭く捉えた例であったのです。

3．随所に「緊張関係」を

　大西道雄博士は、「作文教育における条件作文法の考究」において、8項目の要点の冒頭に、次の2点を位置づけています[13]。
① すべての作文は、書く場から導き出された条件を充足する営みという意味で、条件作文であると言うことができる。
② 書く場は、主体と、対象となる事態との間に生起する緊張関係である状況性に包まれており、その状況と向き合うことによって、主体は、書き手としての問題意識をもつ。

　こゝには、「場」と「条件」という2つの要素の関係が、まず明確に位置づけられています。私たち指導者は、学習者の置かれている具体的かつ普遍的な状況の中から、「言語生活」に密着した「場」を、まずはどのように設定できているかです。それが全うであれば、そこから必然的に指導を展開するための「条件」も、提示することができるはずです。この総合的な動態としての「場」、それを分析して明らかになる「条件」とは、別々のものではないのです。

　さらに、その「営み」を価値あるものにするのは、「状況性」すなわち「主体」と「事態」の「緊張関係」である、としています。「新教育」が言うところの「経験」の根基には、この意味での「緊張関係」が、実は求められていたのです。「作文」という「表現活動」が、「経験」か「教科」かの二元論の狭間で混乱したのも、「表現学習」は、手段か目的か、あるいは「国語（科）単元学習」の存否如何も、この「緊張関係」の随所での

確認に収斂するのではないでしょうか。

4．さゝやかな存在の中に

「情報化社会」「国際化社会」の「発展」は、「誰でも、どこでも」の手段を、身近なものにしてきました。その中で、私たちは、人の7分の1の寿命の中を疾走するかのように生きぬく犬の「ドッグ・イヤー」のように、時間の変質に振り回されています。そのために、私たちにとっての「時間」は、一方ではグローバル化・ボーダーレス化して、一極集中化された「マニュアル」に支配され、同時に、連帯は分断された「時間」の個人化が、歪な状況を創り出しています。

このような状況の中で、「生きる力」を求めての「問題解決学習」を、「経験」重視の方向で本物にしていくためには、この「経験」が、さゝやかであってもよい、「ドッグ・イヤー」からは解放され、「マニュアル」には踊らされない「緊張関係」を、構築しなければなりません。

第Ⅱ章第2節―4でこんな短詩型文学を学習（教）材化しました。

○　平和とはこんな小さなどんぐりの中に潜みて私を癒す　西山悦子
　　朝日歌壇　2001年10月29日
○　悲しくも藁のにほひにある平和　下向良子　朝日俳壇　2001年10月29日

ちょっと立ち止まる。ふと考える。そして、はっとする。――日常の「マニュアル」から、敢えて離れたところに、今日の状況の中では、本当の「緊張関係」が存在しているのではないでしょうか。「どんぐり」や「藁」の一見さゝやかな存在に、「平和」の本質を洞察します。大声で議論される「平和」論の不毛の状況の中で、それを稔りあるものへと変革するためには、このさゝやかにして確かで、かつ豊かな存在に、注目し合う必要がありましょう。その中で、2人の作者のように、「癒す」と「悲しくも」との狭間でこそ、たまらない「緊張関係」が、「経験」を支えてくれるのでしょう。「手段」か「目的」かは、このような視点で、克服し合いたいも

のです。

おわりに

「新教育」思潮の中で、先学たちが、「経験」と「教科」との分離に苛まれたのには、似而非なるものでは決してない両者の接点を、とりわけ「経験」での「緊張関係」に求めることができなかった点にありました。「表現学習」こそが、その統合の「場」であったはずでした。

結語

1949（昭和24）年6月20日から5日間、埼玉県川越小学校で催された「第一回小学校教員研究集会」（文部省主催）に出席した神奈川県代表「国語班」の宮川利三郎氏は、そこでの自らの発言を、次のように報告しています。

○　国語指導の場は二つある。一つは、生活の場におけるもの（即ち全教科、学校の全生活等あらゆる生活場面をふくむ）。そしてこれが、コア・カリキュラムの場合は、中心課程の所にあたるといってもよい。もう一つは、国語科としての指導の場である。そして、コア・カリキュラムの場合は周辺的基礎学習であるとしてもよい。ところで前者は生活の必要に迫られ、生きた言語のその場の指導が出来るが、その反面、真の意味における偶然性であり従って国語全体の指導面から見て、脱落があり、系統がない。そこで、系統的、基礎的即ち、国語の本質的なもの、国語の法則と言ったようなものは、後者の国語科で指導しなくてはならない。ただしそこには生活から遊離する心配がある。そこで、この両方面の指導が必要である。そしてそれには、どうしても、言語能力の学年的発展段階としての、学習基準というものが必要となって来るという意味のことを述べた[14]。

こゝには、「生活」経験の「場」が「偶然性」を、「国語科」の「系統性」

第Ⅱ章　「経験」は、なぜ「教科」と対立したのか

が「生活から」の「遊離」を、それぞれもたらすことの指摘が、なされています。その上で、宮川利三郎氏は、「言語能力」の「学習基準」を、求めています。すなわち、「経験」は、その「偶然性」からして、「教科」と背反する、という前提です。しかし、この「学習基準」にその解決を求めるならば、「経験」の「偶然性」は、宙に浮いたまゝ、「系統性」側の「基準」に埋没しかねません。「経験」そのものの「系統性」が、状況との「緊張関係」において、追究されねばならなかったのです。宮川利三郎氏がこの後指摘している「国語教育」の「混沌」・「危機」は、こゝにありました。

注
1）朝日新聞「天声人語」1994（平成6）年1月17日付
2）朝日新聞「あいさつ抄」1994（平成6）年2月6日付
3）ミヒャエル・エンデ作　川西芙沙訳「いちばんのねがいごと」『エンデ全集6』1997（平成9）年1月6日　岩波書店刊
4）レイフ・クリスチャンソン作　二文字理明訳『しあわせ』1995（平成7）年11月　岩崎書店刊
5）辻本耀三「好き」『日本現代詩大系　No.1』1988（昭和63）年3月　檸檬社刊
6）金子みすゞ「海とかもめ」『金子みすゞ全集　Ⅰ』「美しい町」1984（昭和59）年8月25日　ＪＵＬＡ出版局刊
7）『俳句歳時記』1951（昭和31）年11月25日　角川書店刊
8）山村暮鳥「風は草木にささやいた」『山村暮鳥全集』第1巻　1961（昭和36）年12月1日　彌生書房刊
9）新川和江「すいせん」序章注32）参照
10）ヘルマン・ヘッセ作　片山敏彦訳「世界戦争の四年目に」『世界の詩集9　ヘッセ詩集』1967（昭和42）年5月10日　角川書店刊
11）金子みすゞ「昼の月」『金子みすゞ全集　Ⅰ』「美しい町」1984（昭和59）年8月25日　ＪＵＬＡ出版局刊
12）朝日新聞「天声人語」1991（平成3）年3月5日
13）大西道雄『作文教育における文章化過程指導の研究』　第三章第三項　「考察の集約と課題」2004（平成16）年10月1日　渓水社刊
14）宮川利三郎「混沌としている小学校の国語教育」『コトバ』1949（昭和24）年8月

第Ⅲ章　「個性」は、どのように尊重されようとしたのか

　「ゆとり」教育が唱えられ、「生きる力」が「学力」の中心に据え直され、現行の「学習指導要領」が出発したのは、つい先年のことでした。その今、その本筋が、いわば「学力重視」の方向へと改訂されようとしています。2003（平成15）年10月、中央教育審議会が文部科学大臣に答申した「初等中等教育における当面の教育課程及び指導の充実・改善方策について」は、現行「指導要領」の見直しを求めて、次のような諸点を指摘しています。

　その1つは、「学力」についての基本的な考え方です。

　そこには、ひきつゞき、「生きる力」が強調されています。しかし、同時に、それは、「確かな学力」という条件のもとに、再確認されていると言えましょう。こゝに言う「確かな学力」とは、知識や技能に止まらず、思考力・判断力・表現力を含み、学ぶ意欲を重視するものである、とされています。この条件の下での「生きる力」は、従来の学力観をどう変えるのでしょうか。

　その2つは、指導要領の「基準性」の一層の明確化という方向づけです。

　こゝに言う「基準性」とは、共通に指導すべき内容を確実に指導することが、従来の「歯止め規定」との関連で、再確認はされています。しかし、そこに明示されていない内容を加えて指導することをも可能、と説いています。「個性」を生かし、創意工夫あふれる教育を、一層充実させる、としています。こゝに言う「加えて指導することも可能」な内容という「一層の明確化」は、「個性」とは何か、という大きな問題の根幹に関わる点を、含んではいないでしょうか。

　その3つは、「総合的な学習の時間」の「一層の充実」を踏まえた上で

の「個に応じた指導」の「一層の充実」です。小学校では、「学習内容の習熟の程度に応じた指導」、小中学校での「補充的な学習」と「発展的な学習」で、「個に応じた」を効果的な指導法としています。

こゝには、「個性」が、どのように尊重されようとしているのかが、如実に表れています。

第1節　「個性」を「誘導」する

はじめに

「個性」を尊重するということは、一人ひとりの学習者の独自性を、何でも可として受け入れることでしょうか。一方では、「基礎・基本」が強調されるとき、それでは、両者の乖離はますます大きくなってきます。このとき、「指導」とは何かが、厳しく問われてきます。

1．「理解」することと「納得」することと

先日、50代の仲間が集まって、中の1人、高等学校の教員をしている女性の「悩み」に、心の耳を傾け合う機会に同席しました。その先生曰く、「授業が、成立しない。女生徒はと言えば、机の上に鞄を立てて、その蔭で一時間中、化粧に専念している。男子は、推して知るべし。プリントでの穴埋めでお茶を濁すのが、精一杯。」——さまざまな職業に就いていて、それぞれに今の状況の中で苦闘している同世代の仲間たちは、このような教育の場で、自分ならどう対処するかを、率直に出し合いました。その結果、話は、次のようなところに到達して、励まし合いました。

その女生徒に、「お化粧」を厳禁してみたところで、その心を捉えた学習指導が、即座に具体的にできるわけがありません。まずは、正しいかそうではないかは、置いておいて、その学習者の行為や心を、「理解」する

ところからしか、学習指導の出発点はないのではないでしょうか。「あなたのしていること、その気持ちは、わかる。」と、正邪は別として、まずは受け止めねばなりません。しかし、それは、その行為や心を、決してそのま、肯定することと1つではありません。もしもそこで止まってしまったならば、何でも可として、学習指導の場は、表面は別として、その実質は、一層の荒廃へと赴くばかりでしょう。

　その先が、大事なのです。「あなたは、しかし、そこで止まってしまっていては、折角の力が、勿体ないでしょう。一歩先、こんな本格の世界がありますよ。是非挑戦してみませんか。」「化粧」への素朴でマンネリに陥った今の興味・関心・態度を、その道での「本格」へと誘ってみようではありませんか。そこには、多彩な可能性の世界が、きっと広がっていて、意欲への導火線になるでしょう。——こういう結論になりました。

　「個性」を本物の「個性」にするための原則は、「理解」と「納得」との峻別にあります。

2．「経験の伸張と拡充」

　山口県下関市立生野小学校の三宅久蔵教諭は、具体的な「関連課程」の単元学習で、同嶋田友二助教諭は、「教科課程国語科」の単元学習で、その「誘導観」を実践しました。(「本文編」第Ⅲ章第1節参照)

　同様に、第6学年1組担当の西本良介教諭は、その「教科課程国語科」の「指定学習誘導案」での単元「幸福の園」の「誘導観」で、次のように述べていました。

○　(前略) 蓋幸福こそ空に指さして眺められるものではなくすべてを有難いはからいとして感謝に明け感謝にくれる私の心に、ほのぼのとさし込む暖い春の日ざしではあるまいか。兎角皮相な幸福にのみ眩惑されて苦しむ私たちの周囲をもう一度具に見かえさなくてはならない。幸福を追う道に幸福はなく、只幸福を発見する者のみよく幸福たり得るのだと思う。(後略)

その上で、西本良介教諭は、その「誘導」の「目標」を、次のように設定していました。
　　1．虚飾を去ってまじめに生活して行く態度
　　2．一つのものを平盤（ママ）に観察するだけでなく之を深化し自分の考えを加えて発表する。
　　3．日常ありふれた事でも見方考え方をかえると色々に異った思想がでて来る。
　　4．正論を述べ意見を積極的に云う。
　　5．相手の云おうとしていることを確かめながらきく。
　　6．要点を確かめながら聞き必要によっては覚え書きをとる。
　こゝには、先の2者と同様に、「科学的な観察考察の態度」の育成を目指しつゝ、「社会生活の根本構造」をも念頭に置いた見識が、当時の困難な状況から、どの方向へと学習者の「経験」を「伸張拡充」していこうかという点で、具体的に確認されています。学習者の言語生活が、どのような実態にあるのかを確認理解し、その上で、1歩先へと導く在り方の原点が窺えましょう。

3．「個性」の2極化

　「生きる力」をつけるためには、「ゆとり」を、との提言が、早くも、「基礎・基本」学力の欠落との批判に曝されています。その結果、先に本章のはじめに見たように、「個に応じた指導」は、新たな問題を孕んできたと言わねばなりません。
　「個に応じた指導（個別学習）」には、実践上、次の場合がありましょう。1つは、同じ学習指導目標のもとに出発するとしても、1人ひとりの学習者の入り口は、それぞれの動機づけなどは、その特性や実態に即して、多彩であるべきでしょう。2つには、いわゆる「基礎・基本」の定着を目指して、学習の目標・内容・方法を、個別化することも、求められましょう。3つには、学習者が、主体的に自己の個性に即した学習目標・内容・

方法を、選択して学習を営んでいくことも、必要でしょう。この３つの側面は、「個性」の尊重の真意と、どう関わるのでしょうか。

　第１の場合は、共通課題のもとに、一斉学習の中で、それがやがては生かされて、お互いの揺さぶり合いになる、という意味では、大事な視点でしょう。また、第２の場合は、「基礎・基本」の捉え方が、問題になります。こゝから、先に見た「補充的な学習」と「発展的な学習」との二極に、「個性」が曲解される惧れはないでしょうか。従って、第３の場合が、どのように実践されるかが、「個性」尊重の学習指導の要にならなければなりません。

　しかし、現実には、第２の側面だけが、やゝもすればひとり歩きして、「個性」を、「補充」すべきものと「発展」させるべきものとに、二極分断してしまってはいないでしょうか。「情報化社会」「国際化時代」とのかけ声の中で、この分断は、「個性」の尊重と言い条、新たな競争原理の中に、学習者はもちろん、指導者をも追い立てることになろうとしてはいないでしょうか。「個性」尊重の学習指導は、今こそ「新教育」の原点での苦闘を、共有しなければなりません。

４．違いを生かす

　中島敦に、『弟子』という作品があります。主人の孔悝が、捕らえられたときです。
　○　子路。いや、とにかく行くだけは行って見よう。子羔。しかし、もう無駄ですよ。却って難に遭うこともないとは限らぬし。子路が声を荒げて言う。孔家の禄を喰む身ではないか。何の為に難を避ける？[1]
　ある教室で、この箇所の「難」の一語に焦点が当てられました。Ａさんは、この「難」を引き据えて、この学習のひとまずのとじめに、次のように記述しました。
　　　（前略）主人を助けに行くと思う。でも死ぬのはやはり恐い。自分が死ぬことで、主人は助からないうえに、悲しむ人がいることを考え

るととても恐い。だから、玉砕覚悟で救出にいくのではなく、少しかんがえて、なるべく主人救出と、自分の身を守ることを同時に実現したいとは思う。しかし状況が状況なので、そうはいかないといわれれば、困ってしまうのが、この問題の難しいところだ。(後略)
　また、Bさんは、同じ条件のもとで、次のように記述しました。
○　(前略)結論的に私は難をさけると思う。というよりむしろ、「さけられる難はさける」と云いかえた方がいいかもしれない。その難によって別の方向性が見えてくる場合もあるし、乗りこえた(或いはその逆)時に、自分にとって何か得るものがある場合には、その限りではない。基本的に人は、「自分にとって何が大事か」というのを解っていると思う。子路の場合はそれが孔子の教えであり、子羔は自分の身であっただけで、難に対しての姿勢は、どちらもそう変わらないのかもしれないと思う。と同時に、冠を正して死んでゆく子路も、己の道をつらぬいたという自己満足の中で幸せだったように思う。
　こゝには、状況の中で、「難」にぶつかったときの昨今の学習者の考えの典型があります。しかし、2人は、同じではありません。違いを生かすことが、それぞれの自己変革を誘います。

おわりに

　「個性」を尊重するということは、あるがまゝの独自性を、そのまゝ「評価」することではありません。独自性同士が、お互いに揺さぶり合って、学習(指導)目標の課題を解決すべく、突き詰め合うことです。「ちょっと、ふと、はっと」の場へと自信と見識とで「誘導」したいものです。

第2節　「機能的主題」を、設定する

はじめに

　山口県熊毛郡高水小学校の先学たちは、国語（科）単元学習が、とかく学習者の生活から「うきあがった観念としてのもの」になり下がっていることを省み、「機能的主題」の設を提起しました。（「資料編」第Ⅲ章第2節【資料4】【資料5】参照）「個性」を「誘導」する見識の1つとして、学び直したいものです。

1．「心の奥深くに」

熊本市の主婦加藤知子さんが、こんな投稿をしています[2]。
○　夜、布団の中で、小学三年の三男に「くもの糸」の話をした後、「あんたがカンダタだったらどうする？」と聞いてみた。すると「自分はまず下りて、みんなが上り終わってからまた上る」と言った。彼らしい答えだ。／　日ごろから「自分はカメだからカメが好き」と宣言している。せかされるのがいやで、何をやるにも時間がかかるが丁寧だ。時に周りをイライラの極限に追い込むが、ものともしない。飼っているカメをいつまでも見ていて、水槽の横でえさを握りながら寝入ってしまう可愛らしさもある。（中略）／　だけど、学期末になるとやっぱり思ってしまう。このままでいいのかなあ、と。もっと学校やみんなの進度、周りの状況に合わせてもらいたいなあ、と。家でなら、描きたい絵も描くし、サンタさんへの手紙も書くのだが、課題の絵や作文がなかなか書けないのだ。適当な処理能力も必要じゃないのかなあ。／　自問自答の末、自分に言い聞かせる。学校の先生には「この子は今きっと、心の奥深くにいろんな色や言

葉をため込んでいて、まだ表に出したくないのだと思います」と言い、三男には「このままでいいんだよ」と言うことにしよう。中学二年の長男の受験を意識しながら、評価や点数とその子らしさとのはざまで、大きく揺れる自分がいる。

「心の奥深くに」「ため込んでい」る。「まだ表に出したくない」——加藤知子さんは、わが三男の「その子らしさ」をそう理解しようとして、しかし、「評価や点数とのはざま」で「揺れ」ます。「個性」を尊重するということは、この母子の真情にどう応えるかということと、1つでしょう。私たち国語科教育の指導者は、学習者の「ため込んでいる」「言葉」とこそ、接点を持ちつゝ、「点数」はともかくも、まっとうな「評価」への指導目標に、「生きる力」につながる学習指導目標を確認しなければなりません。「進度」や「状況」の再検討が、求められます。

2．「言語要素」を考慮する

山口県熊毛郡高水小学校の先学たちは、「児童の興味必要」をどのように伸ばすかに、心を砕きました。そこには、「新教育」一般が求めていた「社会の要求」と「国語陶冶の系統」とを、どのように統合してその伸張に資するかが、実態に即して、懸命に探究されました。

その結果、同校では、「教材単元」の欠点を当初から意識して、児童の現実生活を如何に「価値的」にするかに、腐心しました。すなわち、教科書教材で、如何に「言語経験」をさせるか、そのためには、突き詰めては「言語要素」を考慮して、学習の均衡を図ろうとするものでした。こゝでは、「機能的主題」という表現に集約された「系統」としての「機能」と「経験」や「要求」としての「主題」との統合が、「系統」の側面から、追究されていたのでした。

たとえば、同校第6学年7月の単元「めずらしい話」には、次の「目標」が設定されています。

(1) 内容的

児童が興味をそそられるのは、何といっても自身が経験したことについてであろうが、また児童が見知らぬものに対して夢のような好奇心をもっていることも事実である。それは心身の発達とともに所を越え、時を越えて急速にひろがるものである。この期の児童はまだ見知らぬ世界に限りない夢をえがくのである。この「めずらしい話」のような資料によって児童が夢のように求めているものを満たしてやるのは意義のあることである。
(2)　言語活動として――めずらしい世界の話を正確にとらえ、段落の意味、要点をつかみおのおのの文を比較し排列の構想、巧みな表わし方、取材のしかたなどについて研究さす（ママ）　きく……聞きながら自分の意見をまとめる率直な態度　話す……話しの内容にふさわしい身ぶりや表情ができるように　読む……調べるために参考書、地図、図面等の利用ができる　作る……作文を書く時、適切な語を選ぶことができるようにする

　本単元では、その上で、「言語要素」として、「発音」「文字」「語い（ママ）」「語法」の項目に亘って、教材としての「言語作品」の具体的な諸点に即して、配慮がなされています。

3．統合力としての「価値」ある「主題」

　以上のような高水小学校の営為は、前年1951（昭和26）年に改訂された「学習指導要領［試案］」における「能力表」に、具体的に導かれたものです。（「資料編」第Ⅲ章第2節【資料8】参照）

　そもそも、「新教育」における「経験主義」に基づく「単元学習」の教育課程は、各学校での学習内容の範囲（SCOPE）と学年発達の系列（SEQUENCE）との交わるところに、創意工夫されるべきものでありました。しかし、当時としては、まったくの未開拓であったSCOPEの設定における「生きた経験」のあり方が、それとしての「系統性」の保持を、困難にしていきました。「学力不足」「はいまわる経験主義」といった揶揄は、

この実態へ向けて放たれつゞけた攻撃の焦点だったのです。それは、当然のように、二律背反的に、SEQUENCEの具体的な必要性を、声高に提唱させました。その規範としての一覧表が、「指導要領［試案］」に示された「能力表」であったのです。

　この経緯は、今日に至るまで、二元論としての鬩ぎ合いの矛盾を、抱えつゞけさせてきています。ことは、原点に返って、「新教育」が必須の視点としてその中核に据えた「経験」、すなわちSCOPEとしての学習内容の範囲についての見識ある共通理解の有無にこそ、関わっていたはずなのです。高水小学校の営為における「機能的主題」の「主題」は、その意味での「学習指導目標」のありようをこそ、意識したものであったはずでした。しかし、実践営為の具体の場は、えてしてSEQUENCEの説得力ある具体化を、性急に要請していたのです。

　まずは、現実に多彩であり「個性」豊かな学習者の「経験」を、たゞ網羅的に体系化しようとするのではなく、指導者は、その中のどの「経験」を、1人ひとりにとっても、学習集団にとっても、考察し合うに焦眉の急であるのかを、洞察しなければなりません。すなわち、そこには、「学力」観の確認と、それに基づく学習指導目標としての「価値」ある「主題」が、見据えられていなければなりません。SEQUENCEとしての系統の段階を、1つ1つ踏まえるにしても、それを突き抜けての「主題」が、確認し合われねばならなかったのです。高水小学校の営為に言う「機能的経験」は、その意味で先見性を持つとともに、統合力において未熟であったのです。

4．主題単元学習と「個性」

　群馬県沼田市立沼田北小学校3年生は、社会科の学習目標「沼田市の農業を調べよう」を掲げて、学習をみごとに展開していました[3]。その過程と到達点は、およそ次のようでした。

　⑴　学年全員で「山田りんご園」を見学する。
　⑵　「りんごを自分の子どものように大切に育てている」ことに驚く。

(3) 出荷の箱に手紙を入れさせてもらう。──つくり方やその苦労・工夫は代表が、返信用のはがきには、1人ひとりが学校の所在地と署名・先生の依頼状──
(4) 書く人の気持ちのこもった返事が、次々に届く。──故郷をしのぶ人、姉妹都市としての紹介地図を描いてくれた人、その地の産物を教える人など──

　指導者の馬場静子先生の言、「索漠とした世の中だといいますが、大勢の人が見ず知らずの私たちの願いにこたえて下さったのに、感激しました」には、今日の混迷する状況の中で、その現実を「索漠」と捉えざるを得ないいたゝまれない自己確認が、しっかりと前提になっていたことが、滲み出ています。その上での、地域の「価値」ある実態、誇るべき営みを、学習者とともに直視するところから、出発した点が、みごとな開花を約束させたのでした。「返信」の数々から匂い亘ってくるさまざまなゆかしい「生活」の匂いは、知識や技能の習得を踏まえかつ超えて、子どもたちに本物の「経験」を保障したのでした。
　今日、「総合的な学習の時間」での学習目標・内容・方法が、なおなお模索されつゞけています。「経験」重視の「問題解決学習」の中で、「個性」が心底尊重されるためには、沼田北小学校の成果が、その学習指導目標に据えられた「主題」に、地に足つけて学ばねばなりません。

　おわりに

　「機能的主題」を設定して、「個性」をまっとうに「誘導」する。──先学の切羽詰まった試みは、「機能的」を強いられる中で、「主題」を見据える暇を持ちえなかったきらいがあります。今日言うところの「学力」における「基礎」と「基本」との峻別も、基本的かつ具体的には、この課題を、なおなお引きずっています。攻めるべき側面をこそ、確認したいものです。

第3節　創作活動に、「個性」をきく

はじめに

　山口県吉敷郡小郡町立小郡小学校の先学たちは、「綜合課題」としての「個性」の尊重の精神を、「学級の個性」と「教師の個性」との接点に見据えました。その上で、「個別指導」の実際もが、追究されました。(「資料編」第Ⅲ章第3節【資料11】参照)その実際に、具体的に学んでみましょう。

1．学習者の「内的経験」を知る

　京都教育大学附属京都校2年の小林えつ子さんが、こんな詩を創っています。
　○　きのう　おはかに行ってきた　／　おきょうがはじまっていた　／　「びんごろう　ぶあーん」　／　と大きなしんばるがなった　／　わたしの耳が　／　「きいん」となった　／　ぼうさんは　つづけて　／　「ぽんじらぽんじら」　／　「ゆうなあゆうなあ」　／　ととなえながら立って　／　金と銀の紙を「ぱっぱっ」とまかはった　／　その時　／　またしんばるが　／　「ごんびい　じゃ」となった[4]

　小郡小学校の藤間孝教諭は、子どもの「直接経験」における「せきららな」「すがた」・「率直に表現された感動の真実」をこそ、「想像性」および「創造性」に培う土台である、としていました。この小林えつ子さんの詩は、土台としてきヽひたるべき沃野を、見せてくれています。
　私たち指導者は、「おきょう」の世界を、このように豊かなオノマトペで、捉え表現することができません。子どもなればこその「内的経験」が、彷彿としているではありませんか。一見唐突な擬音語も、こう表現されてみると、「おきょう」を、恐らく初めて「経験」したえつ子さんが、真剣

第Ⅲ章 「個性」は、どのように尊重されようとしたのか

に「きゝ」入っているさまが、目にみえるようではありませんか。

　このような学習者の「内的経験」を、その表現を「きゝ」分けて、まずは「理解」する。このことを抜きにしては、どのような学習指導目標も、内容も、方法も、空疎なものになり下がってしまいましょう。このような表現にはっとする。予定調和的になりがちな指導者の先入観は、学習者の「感動の真実」に揺さぶられて、初めてその「個性」をさらに高め深める術を、紡ぎ出すことができるのです。「個性」を尊重するための原点を、このように教えられました。

2．「表現」多彩

　先に、「理解」と「表現」とは、「沈黙」において通底している、と申しました。（本編序章第1節参照）「個性」は、この「沈黙」の中にこそ、潜んでいます。これをどのように「きゝ」分けるか。「個性」を尊重する学習指導は、こゝから出発しなければなりません。

　小郡小学校の藤間孝教諭は、この原点で具体的計画的に格闘しました。（「資料編」第Ⅲ章第3節【資料11】以下参照）その「付言」（反省点）で学ぶべきには、次のような諸点がありました。

　その根底には、「直接経験」と「文化財」との統合への指向があります。「経験主義」に基づく単元学習が困難な壁にぶつかっているとき、藤間孝教諭は、「日記」の創作活動指導に、その血路を拓こうとしました。前者を出発点としながらも、溺れず、「統合」を目指しました。

　次に注目すべきは、図書館での「読書の時間」の「読書ノート」の活用とその指導です。すなわち、「直接経験」を「きゝ」分けることによって「個性」を捉え、その成果を、そのまゝにはしておかずに、「文化財」のより高く深い「価値」の世界へと、1人ひとりを誘ったのです。「一人一人の性格と能力にあった内容」へと、1歩先を示して、「個性」の伸張を図ったのです。

　さらに、藤間孝教諭は、子どもとともに「戸外で」「経験」を共にする

ことによって、そこでの発見成果を、指導者自らの「教養」を高め深めることと統合させねばならない、と考えていました。学習者の「個性」を、指導者として尊重することの根基が、握り締められています。

　また、藤間孝教諭は、一方では、「手間がかかる」「骨が折れる」「長い時間が必要である」とも、述懐しています。しかし、他方では、だからこそ「子供を観る眼が変ってくる」「子供の観察力が伸びてきた」とも、認めています。「個性」を尊重することの根基が、こゝには真摯に見据えられています。藤間孝教諭は、その上で、「創造活動の永遠性」に思いを潜めています。

3．揺さぶり合う

　学習者は、自らの具体的な生活感情に即して、学習材やそれに反応する他者のことばに、共鳴したり疑問を感じたり反発したりするところから、素朴に出発しようとしています。知識や社会的な経験を踏まえた独自の確信には、未だ至ってはいません。しかし、この素朴な力をまずは認め、それをこそ糸口にして、より確かで豊かな思考力・認識力・創造力を、育みたいものです。

　そこには、積極的に理想を求めたい気持ちと、そうはわかっていても1歩を踏み出せない自己とが、葛藤しています。その後者、すなわち、正直に意識されている自らの「弱点」をこそ直視して、そこに自らのアイデンティティを発見し、それと対決しつゞけることのできる力をこそ、育みたいものです。学習者は、その指導を待っているのです。

　次には、そこにどのような普遍的な課題や問題点が潜在しているのかを、多彩な「個性」たちによる「表現」とのぶつかりによって、揺さぶり合いながら、発見していきます。この集団思考の実践成果にこそ、学ぶことのおもしろさを、自覚させたいものです。すなわち、自己学習力の道筋をつけて、自己変革を達成できる力をこそ、育みたいものです。

　さらには、その「学力」を一層深化・発展させるためには、適切な学習

材をも、学習者自らが求め獲得し、集団の中へと発信し活かすことのできる力を、発揮させたいものです。この力がついてこそ、学習者主体の単元学習が、目指されていきます。新たな課題を設定する力や情報を収集操作する力、その上での問題解決の力、そしてこの成果を発信する「表現」力を、育みたいものです。基礎学力止まりを超えて、基本学力を獲得するのも、この謂に違いありません。

　この意味で、小郡小学校の先学が試みた「日記」指導を通しての「創作活動」の実際とその体系とは、今日求められているこのような「生きる力」への根基を、示してくれています。

4．多彩な「創作活動」

　学習者たちは、混迷うちつづく状況の中で、「新教育」の混乱期とは別とは言え、本質的には同質の苦悩のたゞ中に、投げ込まれています。１人ひとりは、この日常生活の中で、具体的な問題に直面しています。この持って行きどころのない真情は、時として、たとえば「交換日記」などの形になると、溢れるような豊かな表現力の潜在することを、如実に示してもいます。先の小郡小学校の藤間孝教諭たちが、まともにぶつかってはその真情との接点をまずは大事にして、「個性」を尊重しようとした営為には、「創作活動」に「個性」をきく大事さを、教えていました。

　このような「創作活動」は、それだけを独立させて追究しようとすると、藤間孝教諭の反省にもあったように、現実の学習指導の営みの中では、物理的にも限界が出てきます。折角発信された学習者の真情が、いつまでも職員室の机上に放置されていたり、誤字や句読点や「間違い」を指摘するだけで、急いで返却することの繰り返しは、何とか避けたいものです。

　学習者の「生活」での切実な「創作活動」は、多彩です。携帯やパソコンでの性急な「表現」に溺れているかに見える学習者たちにも、密かにその真情を詩につゞってみたり、手紙に託してみたり、心引かれた音楽の詞を口ずさんでみたり、その発信の具体には、多彩なものがあります。文化

祭で、何人もの学習者が、指導者の想像を遥かに超えた力を、さまざまなパフォーマンスとして「創作」「表現」する例は、枚挙に暇がありません。

これらの力を、国語科教育の学習指導の場に、生かすことはできないでしょうか。これらをこそ、学習材として、学習者の切実な課題を解決する糸口には、できないでしょうか。そこに「個性」を「きく」ことと、優れた学習材との接点を、単元学習のそここ丶で、指導としての「創作活動」でと、こまめに持続し集積していくことが、求められています。

おわりに

「個性」を尊重する学習指導は、「系統的」指導を忘れさせる、とてして批判されがちです。しかし、その「系統的」であることは、「個性」に「き丶」ひたり「き丶」分けることの中から、紡ぎ出されていくものです。「新教育」における先学の営為は、この要を教えています。

第4節　「個性」を「評価」する

はじめに

「評価」は、「評定」止まりであってはなりません。「評定」が、制度の上で止むを得ず「相対評価」の機械的な徹底に落ち込んでしまいがちな現実の中で、一方では、「絶対評価」という提唱が、頻りです。この状況の中で、「個性」は、どのように「評価」されるべきでしょうか。

1．「連発」されることば

詩人辻本耀三が、「好き」と題して、次のような詩を歌い上げていました。

○　俺の毎日であう人達　／　だれも　だれもいう　好き　／　でもみんな同じではない　／　好き　／／　好きをまん中にして　／　その周囲をいろんな角度から　／　俺たちは漫然と話している　／／　一秒　一分　一時間　／　蠢いて　のたうたせ　／　好きを変化させながら　／　俺たちは　話している　／／　好きに　粉をまぶして　／　天ぷらにして　／　まわりをまさぐり楽しんでいる　／／　こんな俺たちは呆けた顔をして　／　好きをこの上もなく愛し　／　顔をいびつにして　喜んでは　／　好きをあきもせず連発している[5]。

　私達たちは、実は「みんな同じではない」のに、同じ形のことばに寄りかゝって、「漫然と話してい」ます。それでいて、「のたうたせ」、「変化せ」ないではいられないのも、現実です。この「まさぐり楽しんでいる」虚構の世界から、ほんとうに「この上もなく愛し」ている「価値」ある真情を、託すに足ることばで表現できないものでしょうか。

　詩人辻本耀三に、このように訴えかけられると、誰しもが、はっとします。「みんな同じではない」原点に、何とかして回帰しなければ、と。「情報化社会」の「発展」の中で、私たちは、自らの「個性」が、どのようにあしらわれ、無意識のうちにそこに馴染んでしまっていることでしょう。

　学習者たちも、またこのような実態の中で、実は矛盾を感じながら、苦闘しているのです。指導者は、学習者の「好き」の「のたうつ」中に、「理解」すべき真情を、「きゝ」分けねばなりません。そこから、本物の「好き」を創造させる術を、模索しつゞけねばなりません。

2．「評価」の方法

　1951（昭和26）年から翌々年に亘って、山口県光市の８つの小学校は、「新カリキュラムの設計」を目指して、その「基底単元」と「学習展開」の体系を、まとめました。（「資料編」第Ⅲ章第4節**【資料8】**参照）

　その中には、求める「学力」に相応しい「評価」の具体が、⑴　理解　⑵　技能　⑶　態度　⑷　相互　⑸　自己――に亘って、学習指導の展開

例とともに、示されていました。その結果は、その探究がひたみちであればあるほどに、「学習者主体」や「経験学習」とされる「新教育」理念から、分析主義の陥穽に陥る弊を、一方では如実に表さないではいられませんでした。

たとえば、その第3集に紹介されている「第三学年　基底単元」「役に立つ木」では、その「一般目標」を、「冬期の暖房に使う木炭から入って樹木をはじめ植物が私達の生活に大へん役立っていることを理解し今後一層植物を愛護育成する態度を養う。」とし、「図書参考資料等による学習の初歩を学ばせる。」および「調査見学報告書等の基礎的学習の要領を習得させる。」の9項目に亘る「具体目標」が列挙され、克明な実践体系が、示されています。

ちなみに、そこでの「評価」は、「理解」「態度」「技能」「理解技能」に分けられ、うち「理解」は、「テスト」の形で、たとえば、「山の木をきったま、はげ山にしておいたらどうでしょう。よいと思うものに○をつけなさい。」のように、選択肢の中から選ばせたり、空欄を埋めさせたりして、「正解」を誘うものとなっています。【資料8】にも、「態度」や「相互評価」「自己評価」にも及ぶ方法に、このような分析的な「評価項目」主義が、踏襲されていました。

このような「項目」主義に合わせた相対評価は、「個性」を全うに「評価」したでしょうか。

3.「評定」との峻別

「評価」は、いわゆる「到達度」をのみ、終末部分だけで、ペーパーテストにより「評定」されるべきものではありません。「関心」「意欲」「態度」もが夙にその対象として求められたように、「評価」は、「しつ、いく」ものでしょう。単元学習における持続と集積との過程でこそ、「生きる力」が学習者の自覚のもとに主体的に獲得されていくとしたら、そのプロセスの角々での指導の具体が、「評価」でなければなりません。そうであって

第Ⅲ章　「個性」は、どのように尊重されようとしたのか

こそ、その成果は、指導者自身をも含めた学習集団による次の学習（指導）へと、フィードバックされて、稔っていくのです。

そうしますと、「評価」の対象とすべき過程には、「個性」の多彩な真情が、それぞれ可能性を秘めながら、自己主張が保障される「場」を待っています。これらは、決して性急な数値化を許すものでありません。「評価」即「評定」の呪縛から、逃れなければなりません。

そのためには、ことばが、そこでこそ本領を発揮しなければなりません。記号や数値で、「学力」のほんの一側面だけを捉えて、それがあたかも万能であるかのように、位置づけてしまってはいけません。学習者の折々節々の、それこそ関心や意欲や態度をも含めて、ことばに「き丶」ひたり、「き丶」分けて、まずはその「沈黙」に住んでいる真情を、「理解」しなければなりません。その上で、その一歩先を指し示すことのできることばを投げかけて、ともに前進するのが、求められている「評価」ではないでしょうか。この意味での指導者と学習者との「伝え合い」が、学習指導の過程において、多彩に持続集積されていくことが、求められています。

4．1歩先を

清岡卓行に、「手の変幻」という「評論集」の中の1文があります。ミロのビーナスが、「両腕を失っていなければならなかった」という「不思議なアイロニー」を、説いた文章です[6]。

まず、次の「特殊」と「普遍」との関係の説明を、どう理解して出発するかが、問われます。

○　特殊から普遍への巧まざる跳躍
　(1)　部分的な具象の放棄による、ある全体性への偶然の肉薄
　(2)　高雅と豊満の驚くべき合致を示しているところの、いわば美というものの一つの典型
　(3)　神秘な雰囲気、いわば生命の多様な可能性の夢

筆者は、この説明を踏まえた上で、「量の変化」と「質の変化」、さらに

は、「アイロニー」という表現で、その豊かな見識を説いています。

こゝまで学習してきたMさんは、この「アイロニー」の具体的な意味を、こう説明しました。

○　「ミロのビーナス」は、両腕が失われているからこそ(a)、美しい。ことに言えば（ママ）、手というものは、世界との、他人との、自己との、千変万化する交渉の手段であり、それがうしなわれていることは、生命の変幻自在な輝きを示す(b)。私たちはその輝きに美しさを感じている。本来(c)、何かが欠けていることは特殊なことであるが、それゆえに(d)全体へと肉薄してゆくことは、不思議なアイロニーである。このアイロニーが今日の「ミロのビーナス」の芸術性を高くしているのだ。よって(e)、失われているものは両腕でなければならないのだと思う。

私は、このMさんの学習成果を前にして、次のように「評価」のことばを示しました。

○　(a)が、あなたの理解の確信を、まずはずばりとよく表現していますね。それは、(b)によって説かれてもいますね。たゞし、第二文の中での(b)と言えるわけが加えられると、(c)(d)(e)と突き詰めていった筋道が、さらによくわかりますよ。(b)のあとに、「なぜならば、」で始まる一文を、加えてみよう。

Mさんは、「理解」と「表現」との統合の場で、さらに「一歩先」へと進んでいきます。

おわりに

「情報化社会」の中で、今や、「個性」は、被せられた網の目に、絡めとられてしまいがちです。誰も支持した覚えのない「マニュアル」に、いつのまにか寄りかゝってしまっています。だからこそ、「個性」は、今、改めてその「評価」の原点から、見据え直されねばなりません。

第Ⅲ章　「個性」は、どのように尊重されようとしたのか

結語

　1947（昭和22）年3月に出された『学習指導要領　一般編　［試案］』の「第五章　学習結果の考査」は、その「一　なぜ学習結果の考査が必要か」の項で、次のように説いている。（加藤要約）
　⑴　児童や青年が、1つ1つの学習に、どれだけの効果をおさめることができたか。
　　1．教材が適当であったか、指導法が適切であったかどうかを、反省する。
　　2．これからの指導の出発点をはっきりさせ、指導計画を考えるいとぐちを見つける。
　⑵　児童や青年自身が、学習進行の現状を知り、これからの学習を考え、いとぐちをつかむ。
　その上で、同書は、「知識と考え方」「技能」「熟練の度」「態度」「鑑賞力」に分けて、それぞれ「総合的方法」と「分析的方法」とに「区別」する方法を、具体的に提起しています。
　中で、たとえば、「態度の考査」では、「態度そのものの性質が複雑である」ことを認めた上で、「その性質が技能の持つ性質と相似たものがある」として、次の2点を示しています。
　⑴　「一対比較法」で児童の状態を順序づけることができる。
　⑵　「記述尺度」で、なかまの型の代表的と思われる人の名を、記させる。
　つまり、⑴では、社会的な性質をもつ「態度」が、「相手の人によって、そのあらわれが違う」ゆえに、⑵によって「生徒の判定をきくこともたいせつ」としている。
　こゝに、「新教育」における「評価」の苦悩の選択の実情が、よく表れています。「態度」は、指導者側が提供した選択肢の中から何を選ぶかで

は、「評価」できるものではありません。だからと言って、学習者同士の相互「評価」を試みても、「順序」や「型」に収斂させたのでは、尊重すべき「個性」を対象にした「評価」は、「評定」同様、数値化になり下がってしまいます。「総合」「分析」との統合が貫かれなかったことに、学び直さねばなりません。

注
1）中島敦「弟子」『瀧井孝作・梶井基次郎・中島敦』「日本の文学 36」1968（昭和43）年3月25日 中央公論社刊
2）加藤知子「点数と個性のはざまで」朝日新聞「ひととき」欄 1996（平成8）年12月27日
3）朝日新聞「天声人語」1994（平成6）年1月17日付（本編第Ⅱ章冒頭参照）
4）小林えつ子「おきょう」「こどもの歌」欄 1968（昭和43）年2月18日 朝日新聞朝刊
5）辻本耀三「好き」第Ⅱ章注5）参照
6）清岡卓行『手の変幻』1966（昭和41）年 美術出版社刊

第Ⅳ章　「学力低下」の批判に、どう対応したのか

　「新教育」以来の「基礎学力論争」を整理する中で、大槻和夫氏は、「学力」の本質について、その骨子を、次のように説いています。
　○　（前略）学力は教育内容の科学性、系統性のみによって保障できるものではなく、学習主体の主体的・能動的活動によってそれらを「わがもの」として血肉化してはじめて、それらは「学力」に転化するのである[1]。
　こゝには、「論争」が、今なお「科学性、系統性」と「主体的・能動的活動」との二元的な対立からくる不毛の繰り返しであってきたことに対する、鋭い指摘があります。「血肉化」や「転化」は、決して二者択一の論理からは、生まれるものではありません。今日改めて求められている「生きる力」は、この「血肉化」すなわち「転化」をこそ焦点にして、それを実現するためのダイナミックな学習指導の目的・内容・方法を、実践の場から紡ぎ出さなければなりません。
　私は、この道筋を求めて、次の4つの実践段階を経て、模索してきました。
　⑴　「表現」活動と「理解」活動とを、統合する。
　⑵　その向かうべき目標を、「価値」ある主題として確認し合う。
　⑶　そこへと学習者を揺さぶりつゞけることのできる学習（教）材を、自在に開発する。
　⑷　焦点とすべきことばの未知の重い「価値」に、開眼する。
　この中で、「表現」活動と「理解」活動とが、とかく分離されたまゝ、先の二者択一の論理に陥ることから、自立することができました。また、予定調和的な1つの到達点を念頭に置くのではなく、答えは出なくても、

その目標への過程で、切実な課題意識を確かなものとすることが、「血肉化」の唯一の道だ、と考えました。そのためには、固定された学習（教）材の分析に終始するのではなくて、その分析の中から、これでもかこれでもかと、視野を広め深めるための「価値」が、ぶつけつゞけられるべきだ、と考えました。これらは、煎じ詰めていきますと、1つことばの重い「価値」に開眼して、「ことばを通して生きぬく力」に培うことに、収斂します。

第1節　「基礎学力」とは、何か

はじめに

「新教育」が、知識や技能を覚え込むだけではなくて、「生活」に生き、社会的責任をも果たすことのできる「学力」をとて、経験を重視して再出発したことは、すでに見てきました。中で、「基礎学力」論争はなぜ起こり、先学たちは、それにどう対応してきたのでしょうか。

1．「根」っこにある力

詩人相田みつをに、「或る日のつぶやき　切り捨てる」と題する作品があります。
○　わたしは長い歳月　／　上にのびることばかり考えて　／　土の中深く根を張ることを　／　忘れていたようです　／／　ヒョロヒョロと　／　幹ばかり高くのびて　／　雑然と枝葉がひろがるようになった時　／　幹やえだの重みに耐えられない　／　根の弱さに　／　わたしは初めて気がついたのです　／／　気がついた時は手おくれでした　／　手おくれと　わかったとき　／わたしは思いきって　／　枝葉をおとすことにしました　／　土の中のわたしの弱い根と　／

細い幹に支えられるだけの　／　わずかな枝を残して　／　あとは、ばっさりと切り捨てました　／／　それは　／　根の弱い　幹の細い力のない者が　／　なんとか自分を守りながら　／　生きてゆくための　／　消極的な、しかもそれなりに　／　勇気のいる生活の知恵でした　／／　とはいうものの　／　枝葉をおとす時　わたしは　／　やっぱりさびしい気がしました　／　もったいないなあと思いました　／／　しかし　おかげさまで　いまでは　／　眼に見えない土の中で　／　弱かった根が新たな活動を始めたようです　／　枝葉を切り捨てた分だけ　／　いや、それ以上かも　／　だれにもわからない根だけが知る　／　静かな充実感を持ちながら……[2]

　私たちも、「上にのびることばかり考えて」きてはいないでしょうか。「枝葉」にばかり気を取られて、「根」のことを疎かにしてはこなかったでしょうか。省みさせられます。

　「枝葉」としての「知識・技能」と「根」としての「生きる力」との関係を、このように教えられますと、「やっぱりさびしい気」を否定することはできないながらも、「静かな充実感」をこそ、この混迷する状況の中で求め合うことが、大事になってくるでしょう。

2．「批判」の矛先

　「国語」の場合に即してみますと、2002（平成14）年、小中学校から始まった「学習指導要領」の改訂とその実施は、早くも、時間数の減少への危機感を糸口に、さらには、「情報化」「国際化」の流れとの関係で、グローバルな「理解」と「表現」の力、すなわち「国語の学力」の見直しが、取り沙汰されています。一方では、「確かな学力」としての「知識」や「技能」に止まらない「思考力」「判断力」「表現力」などをも射程にいれた「学力」観こそが、「指導要領」改訂の基本理念であったにもかかわらずです。この鬩ぎ合いへの対応が、今や、焦眉の急です。

　ふり返って、「新教育」が「反省と批判」の坩堝に喘いでいたとき、久

米常民氏が、「国語教育」における実態を、次のように鋭く指摘しています[3]。

○　綜合的な取扱いが強調せられる。しかし分析はやさしいけれども、綜合には熟練がいる。未熟な田舎教師の我々が、新教育の尻馬に乗ってみんな綜合的な学習指導を大胆にも開始したのであるから、混乱が起きるのも当然かもしれない。(中略)我々のやっているのは、綜合ではなくして、中途半ぱなのである。我々は読みの指導を完成していない上に書くことをつけ加え、話すこときくことをつけ加えたのである。書くことまた然り話すことまた然りである。すべてを中途半ぱに放置しておいてしかも青い鳥として必死に全体を追おうと試みているのである。

○　しかし我々の念願は、日本語をいつまでも、日常性言語の域に放置しておくことではなくして、これを高度化して行くことにある。即ち低い日常性言語を如何にして文化語にまで高めるかと言う点にあるのである。話し言葉による文化の創造——これが我々の共通の願である。

「中途半ぱ」の弱点を批判される現実と、「共通の願」を追究すべしとの反省とは、今日の「総合」にも、突きつけられた切実な問題でしょう。とりわけ、後者をどう徹底するかでしょう。

3．「国語」学力の構造

　新しい「学習指導要領」では、「学力」について、「基礎的・基本的な内容の確実な定着」(小学校、中学校)とか、「基礎・基本確実な定着」(高等学校)とかが、強調されています。ところが、一方、「総合的な学習の時間」の始発の状況の中では、「『基礎学力』の後退」とか『基礎基本』の軽視」といった批判が、早くも提起されています。この両者の表現を比べてみますと、その間には、具体的なずれがあることに気づきます。すなわち、前者が「基礎」と「基本」とを立て分けているのに対して、後者は、その2つを一括して考えてしまっているようです。

「国語」の「学力」については、その構造は、およそ次の４つに分析されましょう。
 (1) 体系的・系統的に獲得したことばの知識を、具体的な言語生活の場で、生きたものとして駆使できる力
 (2) 伝達の側面だけではなくて、内言の機能としての思考や認識や創造にも働く力
 (3) 情報を収集・操作・整理するなど、適切に処理して、独自の課題解決に資する力
 (4) 学習過程での関心・意欲・態度などの持続的な集中・深化の力

 すなわち、これは、従来、ともすれば知識や技能を獲得する行為そのもののみに限定して、その量と習得の速さとを、一律の目標にしがちであったことへの「反省」に基づいています。ですから、知識や技能のように、「国語」ですと言語事項の習得といった力は、「国語」でしかつけることのできない「基礎学力」です。それに対して、(2)や(3)や(4)は、どの教科でもつけなければならない「基本学力」です。まずは、この２つを、しっかりと立て分けたいものです。いわゆる「総合的な学習の時間」で目指す「学力」は、この２つの「学力」の峻別が、前提になります。各教科でその「基礎学力」止まりを打ち破って、「基本学力」拓きへと突き抜けたいものです。

４．「基本」に生きる「基礎」

 「国語」の学習（指導）が、他の教科科目とは違って、その独自性を堅持するためには、「ことばを通して」の具体的なあり方を、再確認しなければなりません。すなわち、「基礎学力」において、それは具体的な糸口となるとともに、「通して」向かうべき「価値」ある目標へと、「基本学力」が拓かれた世界を求めつづけなければなりません。
 斎藤隆介作・滝平二郎絵の『モチモチの木』が、明日の指導者を目指す学生たちによって、学習（教）材となりました。指導者役が、次のように

発問を投げかけました。
　○　豆太が「じさま」を呼ぶところが、二ヶ所ありますね。豆太の気持ちの違いは？
　その結果、学習者役は、多彩な反応を示しました。指導者役は、こう整理しました。
(1)　怖くて助けを求めている。自分のことで精一杯ですね。
(2)　心配する気持ちが出ていて、自分のことよりも、中心が「じさま」にありますね。
　この１時間の学習指導目標は、「人のために強くなる心を、育てる。」でした。その意味では、焦点化された「二ヶ所」の「ことば」に注目させる選択眼には、目標を見据えた鋭さがあります。
　しかし、指導者役は、ひきつゞき、次のような方向へと、発問をつないでいきました。
　○　豆太は、モチモチの木に灯がついているのを、なぜ見ることができたのですか。
　これに対しては、次のような反応が、返ってきました。
　A　豆太は、怖くても医者さまを呼びに行くほど、勇気があったからです。
　B　「じさま」のために走ったことと、医者さまといっしょだったためです。
　学習者の反応は、指導者の学習指導目標としての「価値」目標に、たちまちに揺さぶりをかけてきます。「基礎」学力に安住してはいられない「基本」学力探究のとば口に、立たされます。

　おわりに

　(1)　ことばへの焦点化　(2)　その一般的な意味「理解」――この「基礎」学力の習得と　(3)　構造の中での有機的関係にあることばからの揺さぶり　(4)　共通点への安住よりも、比較や否定による深化――の「基本」学力へ

の習熟との間を往来し、統合することが、求められましょう。

第2節　「基礎学力」は、どのように養成されたか

はじめに

　山口県玖珂郡本郷中学校の先学たちは、「基礎学力」の内容を、「層構造」として捉え、「要素的能力」に止まらない「概括的能力」に力点を置きました。それは、突き抜けて、「問題解決の学力」即「実践的能力」を、展望しました。学んでみましょう。(「資料編」第Ⅳ章第2節【資料2】参照)

1．異質の「楽しさ」

　かつての同僚・教育心理学の藤土圭三教授が、「現在の学生達の特質」を、整理されました。
 (1)　親と先生のいうことを素直に聞き入れてきた。これは成績を向上させるための最高の方法である。
 (2)　勉強して、実力試験で、高成績をおさめることが楽しくなる。
 (3)　考えることがクイズを解くように楽しいことになる。
 (4)　友人付き合いには興味がなくなり、一人で机に着くことが習慣となる。
 (5)　20年間の生活を詳細に語った。
 (6)　もうこんな生活はしたくない。自分流で生きたいのです。そのためには大学を辞めるしかないのです[4]。

　こゝには、積年の教育の歪みが、1人の学習者の「生きぬく力」に、襲いか〻ってきた経緯が、如実に語られています。(1)から(3)までの学習指導過程で、どのような「指導」が行なわれてきたのか、と省みられるばかりです。受動的に「聞き入れ」ることの「成果」が、「成績」として「評定」

されてばかりだったのでしょうか。テクニックとしての「方法」が、すべてになってしまったのでしょうか。それは、自己変革の感動とは、まったく異質の「楽しさ」でしたでしょう。これは、常に相対評価の嵐に立ち向かいつゞけることのみを、強制してきたはずです。

この大学生は、こゝに至って、初めて「生きる力」としての「学力」とは何かを、ようやく考えることのできるとば口にたったのです。しかし、この大学生は、まだ「自分流」を求めて、「辞める」ことを考えるところで、止まっているではありませんか。こゝにこそ、私たち指導者が、「自分流」を超えた「生きる力」への展望へと導くことができるか否かの、ぎりぎりの決断と方法との模索が、切実に求められているではありませんか。

2．「能力別学習指導」への傾斜

山口県玖珂郡の高森中学校では、1950（昭和25）年12月の段階で、その『研究紀要』第1輯として、『能力別学習指導と生徒会活動』を刊行して、「新教育」の「制度には当初から未解決な課題として危惧された諸問題」の中で、「生徒の能力差」をとりわけ問題として、次のように述べています。「基礎学力」観とその実践方向として、1948（昭和23）以来の実践に基づいたものです。

○ 個人は人間としては等しく尊敬さるべき存在であり、平等であることはいうまでもない。といって人と人との間に能力差のあることも否むことは出来ない。（中略）中学校に於ては、生徒の能力の如何に拘らず義務教育として同一年令の生徒をいわば強制的に就学させる制度となって居り、生徒の間の能力差を考慮せず、この対策を考えずしては、生徒に対する三ケ年の無意味な束縛となることともなって、却ってこの制度は教育効果のマイナスとなり、我々の希求する文化の向上も、個人の幸福もかち得られないのである[5]。

この論は、「新教育」の「学制」を、「教育の機会均等主義の旗幟の下に発足した画期的な制度」と受け止めながらも、他方では、「内在する問題」

の「解決に向って邁進しなければならない」とし、その中心に、「能力差」の問題を据えたのでした。

その結果、同校では、「新教育の思潮や教育の目的」を決して無視するものではない、と強調しながら、さらに次のようにその真意を確認しています。

○ 唯我が校に於ては、生徒の能力差の甚だしい実態をみて、わすれられた多くの子等を如何にすれば、その能力相応にひき立て、生き甲斐のあり、人間味の溢れた社会人として育てることが出来るかと考えるのである。

今日言う「補充的な学習」と「発展的な学習」とによる「個に応じた指導」に、通じています。

3．「能力」の多様性

1949（昭和24）年2月10日、時の文部省学校教育局は、「各地方にうつ然と興ってき」た「地方の努力の成果」の集成として、『新しい中学校の手引』を、発表しました。その「第四章 教授法と教育技術 四、個人差に注意を払うこと」では、その精神を改めて次のように説いています。

○ どのクラスをとりあげてみても、広範囲にわたる個人差が見られる。人間は各種各様の、又種々の程度の発展をなすものである。二人の人間が全く同じ型の人間に成長するということはあり得ない。変異は知的・社会的・感情的及び身体的成長の種々の面に発生する。／民主政体にあっては個人差は望ましいものである。個人差が存する故に各個人はその特殊・独特の能力及び才能を通して彼の属する団体に最大の貢献をなすことができる。／　（中略）同じクラス内で、一生徒は或る楽器を扱うことが出来、又他の一人は絵をかくことが上手である。劇を書くのが好きな生徒も居る。操り人形を作るのが好きな者も数人居る。これ等の者が協力し、一人々々が自分の特殊の能力と才能を通して寄与することにより、一つの劇が完成する。

同様に、生徒の個人差を発揮する機会を与えることにより、あらゆる種類の企画・研究を遂行することが出来る[6]。

一方、1951（昭和26）年の「改訂小学校学習指導要領　国語科編[試案]」で示された「国語能力表」では、「発達段階」、「一つの表として、組織・配列」を念頭に、その体系性や系統性が、目指されました。しかしながら、「経験カリキュラム」作成に苦闘をつゞけていた実践人たちからは、これに一層の体系性や系統性を求めて、現実との格闘の中で、先の高森中学校の「能力別学習指導」を志向していくことになります。この理念と現実との鬩ぎ合いの結果を、どう見るべきでしょうか。「能力」の多様性を体系化・系統化する現実は、何を結果したのでしょうか。

4．「価値」としての拠点

枕草子の第223段は、「五月ばかりなどに」で始まる感性豊かな章段です。
○　五月ばかりなどに山里にありく、いとをかし。草葉も水もいとあをく見えわたりたるに、上はつれなくて草生ひ茂りたるを、なかながとたたざまに行けば、下はえならざりける水の、ふかくはあらねど、人などのあゆむにはしりあがりたる、いとをかし。（後略）[7]

教科書所収の学習（教）材の場合は、一般に脚注でほとんどの説明がなされています。それらを土台にして、巧みに繋ぎ合わせれば、「訳せた」ということになって、すぐさまに「作者の心情は」と、とかく「何でもあり」の感想の場へと、学習は拡散しがちではないでしょうか。

そうだとしても、「能力」の多様性をも含めて、学習者の「個人差」、つまりは「個性」は、集団学習の中でこそ、具体的な表現を軸にして、引き据えられなければなりません。学習指導目標が、「豊かな感性に学ぶ」だとすれば、清少納言のことばの具体に食いつき直したいものです。

たとえば、上の箇所には、一見なんでもなく思われる動詞が、実は独自の価値を持って、幾つも使われています。中で、「走り上がる」を取り上げたとしましょうか。動詞の活用の種類・活用形・複合動詞などといった

所謂文法の面からの「基礎的」な学習から入ったとして、さて、この場面では、どのような具体的な条件の下で、その独自の価値が、捉えられているのか。有機的な繋がりを求めて遡れば、「歩む」「あり」「なる」「行く」「生い茂る」「見え渡る」と、「基礎的」な学習を踏まえながら、それを突き抜けて、「感性」の「豊かさ」へと、学習を確かめていくことが、求められるでしょう。平板に、順に品詞分解しては「訳」していくのではなくて、いつも立ち戻るべき拠点「走り上がる」を、握り締めながら進めるのです。

この拠点が突き詰められてこそ、「をかし」の独自性が、現代の「感性」の欠落ないしは忘却させられてしまっている実態をも、照らし出すでしょう。「基礎」から「基本」への一里塚です。

おわりに

「基礎学力」は、「生きる力」としての「基本学力」を展望できていて、初めて「学力」となります。「基礎学力不足」といった外発的な批判の多くは、それを抜きにしています。振り回されることなく、学習指導目標の質を高めて、「生きる力」の真意を確認し合いたいものです。

第3節　「ドリル」に、なぜ傾斜したのか

はじめに

「新教育」が提起した「学力」観は、現代の「生きる力」と、通じています。にもかゝわらず、前者を受容する経緯の中で、その追究の実態が、「ドリル」に傾斜していったのは、なぜでしょうか。現代の「基礎学力不足」論も、また同じ轍を踏ませる力になっていないでしょうか。

1．絶えず始まる

教育学者の佐藤学氏は、「ある市民大学の講座」で、受講生から、次のように教えられました。

○　以前、ある市民大学の講座で「勉強と学びの違いは？」と自由に書いてもらったことがあります。その答えの中には、いろいろ参考になるものがたくさんありました。ある受講生の市民の方は、「勉強は絶えず終わりを告げるもの」「学びは絶えず始まりを準備するもの」と記していました。「お見事」とうならされた回答です。また、別のある受講生の市民の方は「勉強は前へ前へと進むもの」「学びは行きつ戻りつするもの」と記していました。これも「なるほど」と納得させられた回答です。(中略) 私自身は、「勉強」と「学び」との違いは、〈出会いとの対話〉の有無にあると考えています。「勉強」が何ものとも出会わず何ものとも対話しないで遂行されるのに対して、「学び」はモノや人や事柄と出会い対話する営みであり、他者の思考や感情と出会い対話する営みであり、自分自身と出会い対話する営みであると思います[8]。

学習指導目標が、もしも知識や技能のいち早い獲得と外からの要求に応えるだけの能力の習得だとしたら、この学習（指導）は、佐藤学氏が言う「勉強」に終わってしまうでしょう。学習指導計画は、物理的なタイム・リミットに支配されて、「絶えず終わり」を指示するごとに、「能力」の相対化が、競争原理を当然のこととして定着させてしまいます。学習指導目標が、知識や技能の習得で「終わりを告げる」のではなくて、そこからこそ、価値ある目標のもとに、個性同士の「出会いとの対話」を保障することによって、「自分自身と出会い対話する」ことができるのです。このような自己変革への「行きつ戻りつ」を許容した「始まり」が、求められています。

2.「用具」としての「練習」

　1951（昭和26）年4月、東京学芸大学教授の宮田文夫氏は、「教育課程と国語教育の立場」を、次のように論じています。中で、「国語教育重視の動向」を、こう捉えています。
　○　（前略）終戦後の教育において最も軽視されたのは、用具の面であった。文字の読み書きや数量形の知識を子供に強要することが、子供の自由を阻害するかのような錯覚にとらわれて、しばしば終戦後の子供には、鍬や鎌を持たずに野良かせぎに行く農夫に比せられる子供が多かった。しかし、このような用具を習得することなしに、どうして社会科や理科あるいは芸能科の学習が行われようか。われわれは、これまで、このような基礎的学習に余りにも無関心であった。／　しかし、ここで誤解されてならないことは、以上のような基礎的学習が、教科書中心学校にみられるような方式で、生活と関係なしに最初から暗記させてよいというのではない。話し方にせよ、文字の書き方にせよ、それは、子供の生活の中で取り上げられ理解されてゆくべきである。しかし、用具は単に理解のみによって習得されるものでなく、十分な練習が必要なのであるから、その練習に必要な時間を特設して、その時間においては、その用具教材を繰り返しくりかえし（ママ）練習すべきである。または、暗記さるべきである[9]。

　こゝには、新しい「学習指導要領」の必要を求める「新教育」の実態への、鋭い洞察がある。社会科や理科に当たる内容の学習指導が、「中心学習」「内容学習」とされたのに対して、たとえば「国語科」に当たる内容が、「周域学習」「基礎技能の学習」、「用具の学習」ないしは「表現の学習」とされた（たとえば、「資料編」第Ⅱ章第2節【資料4】参照）結果の実情が、踏まえられています。その結果、「用具の学習」における「練習」時間の「特設」が、提唱されたのです。実は、この「特設」が、閉じた位置づけ

になるか、開かれて「中心学習」に至るか否かが、別れ道であったのです。

3．開かれた「練習」

　野地潤家博士は、「国語学力の習得と同時に、国語学習力を」と、説いていられます。
　○　ひとりひとりの子どもたちがみずから国語をどのように学ぼうとしているか。その学習のしかたが身について、自力で学習にとり組むことができるようにきたえられているか。国語学習の態度と方法と評価（反省）とを、"国語学習力"とよぶなら、国語学習力をたしかなものにしていこうという熱意が、どれほど燃焼しているか。これはおたがいにかえりみなければならない[10]。
　野地潤家博士は、その上で、その「拠点」「足場」を、「国語学習のしかた」や「国語学習の成果」としての「克明」な"学習記録"に求めていられます。
　また、野地潤家博士は、そのためには、「教師には授業構想力」を求めていられます。具体的には、「授業の構想法（アウトライン法）」をです。「みずからきたえてい」くの謂です。
　その上で、野地潤家博士は、「教師の国語学習力」を、説いていられます。
　私たちは、「基礎学力」をどのように限定して考えざるを得ないにしても、その"学習記録"に学びつゞけることができているでしょうか。1人ひとりの学習者のそれを、日々、そして長期に辿りつゞけていくからこそ、その学習者あるいは学習者集団にとっての「基礎学力」のかけがえのない意味が、捉えられていくに違いありません。それは、たとえ「特設」された「練習」であっても、孤立することを拒むはずです。と同時に、それは、学習指導の目標を放棄してしまうことを、決して許さないはずです。「開かれた『練習』」として、「生きる力」を目指すはずです。「ドリル」に埋没するか、「ドリル」を生かすか。「教師の国語学習力」が、求められます。

4．「ドリル」を生かす

　『徒然草』序段には、どの学習者もが、一度は学習材として出会います。
○　つれづれなるまゝに、日暮らし、硯にむかひて、心にうつりゆくよしなし事を、そこはかとなく書（き）つくれば、あやしうこそものぐるほしけれ。

中川徳之助博士は、夙に「古典文学教育の現在までのあり方を深く反省」なさって[11]、
○　わたしたちが古典教育として行ってきたものは、もっぱら言いかえ作業ではなかったか。

と喝破され、「ものぐるほし」に焦点を当てて、次のように述べていられます。
○　「ものぐるほし」の意味を、軽く「われながらばかばかしい、はしたない」と解するにしても、「あやしうこそものぐるほしけれ」とある点を考えると、やはり一種の心の興奮状態をそこに見ないわけにはいかない。とすると、わたくし自身の経験から言っても、自分の心がある興奮状態になるのは、なにかひとつのことを、なにかひとつの思いを思いつめる、その果てに一種の興奮状態になるというのが普通であるようだ。とりとめもないことをとりとめもなく書きつけていく、そのことがそのまま興奮状態につながるとはどういうことであろうか。とりとめもないことをとりとめもなく書きつける、その心のうごきに一貫する随筆的心情といったものの存在を考えるならば、それはそれでよい。そうしたこともかんがえずに、ただ「トリトメモナイ事ヲ、アレヤコレヤトアテモナク……」と口うつしの言いかえを学生に教えても、これでは古典を現代に生かすことにはならないであろう。

　係結びの「練習」に、この段を生かすとしますか。「こそ」の「結び」は、「けれ」ではない、「ものぐるほし」の已然形に気づかせる。形容詞の活用の種類や活用形について、「練習」する。そこ止まりではなく、「つれ

づれ」とこの「興奮状態」とのつながりを追究する。すなわち、現代の「多忙」の真意を対象化する。初めて、「ドリル」は生かされるとば口に立つのです。

おわりに

「評定」は、「能力」の一部でしかありません。学習（指導）過程を省み省みしながら、授業構想を随時修正しつゝ学び合う。「基礎学力」は、その過程で、確かめ確かめされ、「評定」のための「ドリル」を超えるはずです。「評価」は、「生きる力」への「価値」目標を、求めます。

第4節　力が、なぜつかないのか

はじめに

「学力」が、知識や技能止まりであってはならない、とは、すでにすでに大方の認めるところです。「生きる力」「総合」「問題解決」「各学校」「創意工夫」「地域の文化」等々、方向は、声高に提唱されてきました。にもかゝわらず、「力」は、なぜつかないのでしょうか。

1．「意味が意味にならない世界」

詩人田村隆一に、「帰途」と題した作品があります[12]。その1連目・2連目は、こうです。
　○　言葉なんかおぼえるんじゃなかった　／　言葉のない世界　／　意味が意味にならない世界に生きていたら　／　どんなによかったか　／／　あなたが美しいことばに復讐されても　／　そいつは　ぼくとは無関係に　／　きみが静かな意味に血を流したところで　／　そい

第Ⅳ章　「学力低下」の批判に、どう対応したのか

つも無関係だ

その上で、田村隆一は、この詩を、次のように結んでいます。(3・4連目略)

○　言葉なんかおぼえるんじゃなかった　／　日本語とほんのすこしの外国語をおぼえたおかげで　／　ぼくはあなたの涙のなかに立ちどまる　／　ぼくはきみの血のなかにたったひとりで帰ってくる

「意味が意味になる」ことが、もっと満を持すべきところから、どんなに杜撰に転がり落ちてしまうことなのか。ことばとは、本質的にこのような宿命に生かされているのでしょう。この原点に立ち返ってみますと、「涙」や「血」に、「立ちどまり」、「帰り」つづけなければなりません。その上で、そうだからこそ、なおなお「伝え合う」可能性を、追究したいものです。

また、詩人長田弘も、「ことば」と題して、次のように歌い上げています。

○　草をみれば、　／　草というだけだ。／／　ことばは、　／　表現ではない。　／／　この世の本のなかには　／　空白のページがある。／／　何も書かれていない　／　無名のページ。／／　春の水辺。夏の道。／　秋の雲。冬の木立。／／　ことばが静かに　／　広がっている。／／　日差しが静かに　／　そこにひろがっている。／／　何もない。／　何も隠されていない[13]。

「意味が意味にならない世界」で右往左往している私たちは、「何も書かれていない　／　無名のページ。」にこそ「帰って」、そことの接点においてこそ、「ことばを通して生きぬく力」を育む方法を、開発し合わねばなりません。そのためには、どこでこそ、ことばはようやく真実に一歩でも近づき合えるのか、このような場を、学習者とともに、独自に創造したいものです。

2.「新しい人間像」

1954（昭和29）年12月、『祖国の再建を目指す　自主的仕事学習の方法の探究　単元学習の批判と検討を通して』を発表した山口大学教育学部附属防府中学校の先学たちは、「仕事学習」を提唱しました。(「資料編」第Ⅳ章第4節【資料2】参照）同校では、同『後編』(同【資料8】参照）を経て、1957（昭和32）年11月、『集団思考による　学習指導　自主的仕事学習の方法の探求　第三次発表』を発表して、とりわけ「国語科研究部」として、「国語科における集団思考指導の実際」を示しています[14]。

○　（前略）問題把握の指導に於ては集団思考がその中心的役割をなすことに気づいたからである。さらにまた国語科学習指導の全体を通じてそれがただ個人のまたは優秀者だけによる問題解決学習でなくて、グループなり学級全体の協同思考による学習でなければ、より現実に即し、より高次の創造的発見的更には生産的な学習はできないことを痛感したのである。

その上で、同「研究部」は、「原理」を「協力社会における自己実現」に置き、「新しい人間像」として、次の5点を挙げています。

⑴　生きたいというねがいを強く持った人間
⑵　もっと豊かにゆとりのある生活をしたいというねがいを強く持った人間
⑶　生まれ持った人間としてのいろいろな能力をできるだけのばしていきたいというねがいを持った人間
⑷　お互いに人間として語り合ったり尊重し合ったりしていきたいというねがいを強く持った人間
⑸　この四つをみんなのうえにみんなの力で実現していきたい。自分だけでなくみんなの力でみんなのうえにというねがいをもった人間

「新教育」10年の経緯は、なおなおこのような「原理」を、省みさせたのでした。

3.「全国学力テスト」案

　2004（平成16）年11月2日、文部科学大臣は、「学力で世界のトップを目指す」ため、「義務教育　改革私案」の一環として、「全国学力テスト」の実施を提起しました[15]。これは、「生きる力」を求めての「ゆとり教育」に対して、「学力低下」の批判が声高に唱えられていることと、機を一にしています。これは、こゝに見てきました「新教育」の曲がり角と、酷似した傾向です。

　1950年代から1960年代にかけて、当時の文部省は、同様の「学力低下」論に押されて、「全国学力調査」を実施しました。中学2、3年生全員を対象としたこの調査は、「点数至上主義」「学校間競争」「地域間競争」の激化や序列化を招き、訴訟にまで及び、中止になった経緯があります。もとはと言えば、「学力低下」論への短絡的な方法に終始したためでした。

　すでに見てきましたように、私たちは、この発想の極まった延長線上に、高度経済成長を「達成」し、やがてその終焉を迎えた世紀末に、教育が経済原理のもとで取り仕切られることの愚を、心から反省したはずでした。前「学習指導要領」がすでに提起して、現行「学習指導要領」でも、より具体的に、「総合的な学習の時間」に象徴される「学力」観の推進は、私たちの任務であるはずでした。その実態が、再び「全国学力テスト」の実施へと、傾こうとしているとき、「学力」観の理念はそのまゝにしておいて、「学力低下」論における「学力」観に支配されての趨勢だとすれば、「新教育」における先学の営為は、何であったことになるのでしょうか。

　「低下」しているとされる「学力」の内容や構造は、如何なるものなのか。それを「テスト」ないしは「調査」することそのことが、「学力」を「生きる力」の理念の埒外で「評定」してしまうことにはならないのか。今こそ、「新教育」の辿った道を噛み締めなおして、内発的に、「学力」観の再検討を、実践の場から紡ぎ出すことが、焦眉の急となっています。

4．「目標」としての学力

　私は、かつて、高校生とともに、詩人嵯峨信之の作品「骨」を学習（教）材として、学び合う機会を持ちました。詩人石垣りんの作品「崖」を学習したあとでのことです[16]。私は、「最も注目した表現を一つとらえ、そこを入り口にして、その詩を説明」することを求めました。そのとき、前者の詩の学習時に問題になった「アイデンティティー」ということばを必ず使うことを、条件としました。中で、Bさんは、次のように記述をしてくれました。

　○　するとぼくは全く悲しくなった　／　「すると」という言葉がある。作者は悲しくなるとは思っていなかったのだ。作者は、自分の内側には、真のアイデンティティーが秘（ママ）んでいると思っていたのだ。しかし、存在しなかった。作者は絶望した。頼みの綱さえ切れてしまった。そんな作者が次にしたことは、その悲しさを絶ち切るために、もう一度元どおりにすることだった。――しかし、外観は元に戻ったが、悲しさは消えなかった。作者は、アイデンティティーを見い出せないままでいる。しかし、そのことを知ったことが一つの進歩であるようにも思う。

　この「頭蓋骨」の内側に「アイデンティティー」の証しを求める「ぼく」の行為とその結末とは、青春の真っ只中にいる学習者とともに、追究すべき「目標」の１つだったのです。

　私の学習指導目標（主題）意識は、今につながり、次の学習（教）材を、開発させました。

　○　バスの中みどり児がじっと見つゞけるどこかの青年動けずにいる
　　　市岡隆子　朝日歌壇　2000年５月７日
　《発問》　「動けず」を「動かず」に替えたら、「青年」の心は、どう
　　　　　違ってきますか。
　いわば「金縛り」にでも会ったようなこの「青年」の心は、「みどり児」

の瞳に、自らの何を相対化させられたのでしょうか。向かいつゞけてきた「目標」が、「力」をつけさせていきます。

おわりに

○　組み立てし授業の手順小気味よく崩して生徒らの言う意見よき　神野志季江　朝日歌壇　2000年9月24日

指導者のこんな真情に、出会いました。「崩」されることそのことこそが、「小気味よ」いことなのです。「手順」は、「よき」「意見」によって、「学力低下」を乗り越えるのです。

結語

山口県厚狭郡楠町にあった吉部中学校には、次の「教育四則」が、掲げられていました。
　(1)　夢のない　教育は　うるおいがない。(2)　計画のない　教育は　力がない。(3)　記録のない　教育は　うらづけがない。(4)　反省（加藤注　この2文字は赤字）のない　教育は　深みがない。
1999（平成11）年4月、この吉部中学校3年生10名は、秋の文化祭での「いじめ」をテーマにした「放送劇」へと、シナリオ創りからの出発をしようとしていました。この長期に亘る「単元学習」の入り口から参加した私は、一見深刻な問題について、10名が、自分たち自身の心の中を素直に見つめては、その念いを、ことばに何とか紡ぎ出していこうとしているのに触発されて、次の2編の詩を通して、あとのような課題を、提供しました。
　A　じゃあね　くどう　なおこ[17]　　B　足どり　竹中郁[18]
　　《課題》　A・Bどちらか好きな方の詩を選び、「放送劇」作りで考えた「勇気」ということばを必ず使ってその詩で考えさせ

られたことを、自由につづりなさい。

　中で、Aを選んだIさんは、「前に一歩踏み出す」ことの難しさを率直に確認した上で、「『春がきた』というきっかけも大切だけど、やっぱり自分がやる気を」と深め、そうでこそ「とても難しいことだけど、やり終えたときには、何か自分にプラスになることが必ずある」と確信しています。私は、「やり終える」に注目して、Iさんに、その「価値」の一歩先を求めました。

　また、Bを選んだM君は、「あいさつをしなかったら」、「こんな風も吹かなかった」と捉え、「勇気をだすことによって、日頃感じない、何かを見つけることができる」、と結んでいます。私は、「何かを見つける」を焦点に受けとめ、「地球を一廻り」しなければならないことの意味へと、M君を誘ったことでした。文化祭への「何かを見つける」「旅」に、期待をしました。

　「力」は、学習者の主体的な学習の場を保障する中で、具体的なことばに顕現してきます。

注
1）大槻和夫「基礎学力論争から学ぶ」『教育科学国語教育』No.338　1963（昭和38）年1月　（『国語教育基本論文集成』3「国語科教育基礎論（3）学力論」所収　明治図書刊）
2）相田みつを「或る日のつぶやき　切り捨てる」『にんげんだもの』1984（昭和59）年4月15日　文化出版局刊
3）久米常民「カリキュラムの反省」『国語と国文学』1951（昭和26）年7月　特輯増大号「戦後の国語教育の反省と批判」所収
4）藤土圭三「学生相談今昔」『山口大学保健管理センター便り』111号　1989（昭和64）年12月1日刊
5）中井秀雄「能力別学習指導　我が校に於ける能力別学習指導」高森中学校『研究紀要』第一輯「能力別学習指導と生徒会活動」1950（昭和25）年12月12日
6）文部省教育局『新しい中学校の手引き』1949（昭和24）年2月10日　明治図書刊
7）『枕草子』223段　日本古典文学大系
8）佐藤学「学びから逃走する子どもたち」『岩波ブックレット』No.524　2000（平成14）年12月20日

9) 宮田文夫「教育課題と国語教育の立場」『実践国語』第12巻第131号　特集「新しい国語学習指導の計画」　穂波出版社
10) 野地潤家「国語学習力の育成」『国語教育原論』1975（昭和50）年6月10日　共文社刊
11) 中川徳之助『兼好の人と思想』1975（昭和50）年11月15日　古川書房刊
12) 田村隆一「帰途」『田村隆一詩集』現代詩文庫　1　1992（平成4）年3月30日　思潮社刊
13) 長田弘「ことば」『世界は一冊の本』1994（平成6）年5月30日　晶文社刊
14) 山口大学教育学部付属（ママ）防府中学校『研究報告書』11号「集団思考による学習指導自主的仕事学習の方法の探究　第三次発表」1957（昭和32）年11月16日
15) 朝日新聞　2004（平成16）年11月3日付報道による。
16) 拙著『高等学校　私の国語教室——主題単元学習の構築——』1988（昭和63）年6月30日　右文書院刊
17) くどうなおこ「じゃあね」朝日新聞日曜版　1999（平成11）年3月28日
18) 竹中郁「足どり」（第Ⅰ章第3節注7）参照）

第Ⅴ章　「修正」に追い込まれたのは、なぜか

　「新教育」の営為の中で、山口県の先学たちは、その理念の崇高さをなおなお信じつゝも、その真摯な実践の中での具体的な壁にぶつかり、苦闘を強いられていました。その結果は、旧弊な「学力」観を着実に克服しつゝあったにもかかわらず、外からの「学力低下」論に左右されざるを得ない現実に、直面させられました。そこに求められたのが、「修正カリキュラム」の創出でした。
　この実情を「国語科」に引き寄せてみますと、育むべき「言語能力」を、「日常言語」と「ことばそのものの系統」といった「現場」と「系統」との統合に、それが求めなおされようとしたのです。しかし、現実には、「日常言語」の「場面」での模索が、相対的に「系統」の側面を疎かにしてしまったと決めつける論には、必ずしも説得力をもたなかったのも事実でした。
　「統合」は、勿論二者択一ではありません。また、足して２で割るのでもありません。この２つの側面の「統合」された学習の場の実現は、今日も、「国語科教育」の目標・内容・方法に亘って、なおなお探究しつゞけねばならない要点です。
　先日、ご婦人方と『源氏物語』を読み合っていたときのことです。賢木巻でのことです。藤壺出家の直後、光源氏が、その三条邸を訪れます。「ひまひまより、ほの見え」た藤壺周辺のたゝずまいは、光源氏には、「中々、なまめかしう」受け止められます。この「中々」の論理にこだわってみますと、「かえって」は、日常性の側からしますと価値の低い存在が、「なまめかし」いのです。「なまめかし」は、本当は価値あるものが、如何にもないかのように見せるところに、評価の焦点があります。それを、「中々」が、逆転させているところに、独自性があります。

こゝに至って、あるご婦人が、現代の「めかす」との関係に、鋭く言及なさいました。「おめかし」の世界は、「ないものを、あるように見せる。逆ですね。」──はっとさせられました。

翌日、大岡信氏の「折々のうた」が、次の1句を教えてくれました。
○　黄落や仮面めきたる化粧の子　　二川茂徳[1)]

大岡信氏は、「仮面めきたる」を「冷やかし気味」、と説いてくれています。

古典の「系統」に安住せずに、突き抜けて「日常言語」の「場面」に引きつけざるを得ない深化を求めつゞけるところに、初めて「統合」の糸口が見えてくるものなのでしょう。

第1節　どこが、「修正」されねばならなかったのか

はじめに

「新教育」がその中核に据えようとした経験重視の「生活カリキュラム」は、伝統的な「教科カリキュラム」の系統重視との間に、二者択一ではない「中道的立場」(「資料編」第Ⅴ章第1節【資料1】等参照)を、求めさせました。それは、どのような現実にぶつかった上での選択だったのでしょうか。

1．「コア・カリキュラム」の実際

1949（昭和24）年7月8日、山口師範学校附属山口小学校では、「研究座談会」「カリキュラムについて父兄と語る──コア・カリキュラムを中心に──」を催しています。中で、「基礎能力の養成」が、次のように「語」られています[2)]。(注　Pは「父兄」、Tは「教官」)
　　○　P　大体、コア学習のアウトラインはつかめましたが尚一二お尋ねします。現実の生活と取り組ませ、直面する問題を解決させて行

くことは子供としては楽しい学習だと思いますが読み書き計算等の基礎技能をつけるにはそれだけでは不充分ではないでしょうか、この点御伺いします。
T　コア・カリキュラムを具体的に展開して行く為に一日の学校生活に次のような時間を設けて実施しています。
　　⑴　問題を解決して行く時間（中心学習の時間）
　　⑵　読む・書く・聞く・計算する・グラフを書く・道具を使う・等の様々な生活技能を練習する、練習の時間
　　⑶　朝の会、終りの会等の打合せの時間、体育の時間、個人の問題を解決する時間、美しい尊いものを鑑賞し自ら表現する創作鑑賞の時間でしょう。
T　たとえば一年生で「うれしいたんご」の単元で「かけっこ」をしました。一等二等三等の順序を示す旗をこしらえて、これを使って「かけっこ」という現実の生活を数、即ち順序数を使って処理しました。その時先生やお友だちの書いた数字とくらべて「もっと上手にかけないものかなあ」と感ずるように導きました。これを機縁にして数字の書き方をくわしく習い練習して数字が上手に書けるようにしました。又その力を駆使してノートに頁をうつ適用練習もさせました。このようにして練習した技能は次の中心学習に使われて行きます。具体的にはこのような仕組みでやっているのです。

この実態は、「問題解決」「練習」と「個人」「表現」の関係に、何を求めたのでしょうか。

2．「修正」の構造

同じ「特集」の中で、末広真之氏が、「現地報告」「カリキュラム実践の現状と二三の気付き」と題して、「修正カリキュラム」の必然性とその構造とを、次のように説いています。

○　以上のような現実の状態からして、カリキュラムを構成するとするなら、次のような形態のものも特異な一つの型として比較的容易に而も、確かな教育をするために有効ではないかと思います。それは、学習者の生活の中心をなす主要な興味或は関心あるものをとりあげて、それを子供の生活の体系に並べて行きます。つまり子供の切実な問題の系列を作るわけであります。これだけを眺めますと一応、生活カリキュラムの様な観を呈しますが、そうした生活課題解決の道程に、どのような教科的能力を与え経験させることが出来るかを拾って見ます。一方、教科研究部を中心にして、各教科的に見て、どのような能力を育て、（ママ）行けばよいのかの系列をはっきりしておきます。そして、前者の子供の生活体系の過程に達せられる経験の内容を、後の教科の能力体系表と照合して見て、能力表の中から抜きとって行きます。そうすると、能力表の中に、残って来る内容が沢山出て来ると思います。つまり生活体系による経験では獲得することの出来ない、而も重要だと思われる内容が発見出来るわけです。この残されたものを、各科目別に生活体系によるカリキュラムにより別個に組織立て、（ママ）行く方法であります。

　こゝでは、「子供の切実な問題の系列」が、あくまでも基盤になっています。この「問題」が、真に「切実」たり得たのか。その「道程」に与えるべき「教科的能力」は、目標に即した「系列」たり得たのか。「能力表の中から」の発想は、「切実」を少なくとも薄めることにはならなかったのか。「残されたもの」は、「体系」として「重要な」位置づけを保障されるのか。「修正」のこのような「構造」は、つまりは、「問題」の「切実」さ把握の妥当性に依拠したはずです。

3．問題意識の組織化力

　今日、「新単元学習」の実践的研究を推進してこられた浜本純逸博士は、その「教育観」の柱として、⑴　学習者中心　⑵　経験学習　⑶　個性の

育成——を挙げた上で、「言語生活のひとまとまりを単元とする」の意義を、次のように説いていられます[3]。

○　単元として「ひとまとまり」をつくるには、教育をこう考えるという「思想」がなければ不可能なので、単元学習を実践するには、どうしても思想的立場（教育観）が必要になる。それまでは無自覚であった自己の教育観を自覚する必要に迫られるといってよい。

さらには、「ジャンルを越えて学習材を集め、構造化する」の意義をも、説いていられます。

○　ジャンル単元以外では、話す・聞く・読む・書く・考える活動を総合したり、詩・説明文・物語・意見文などのジャンルを越えて教材を総合する。さらには、アニメ・ビデオ・漫画などを教材化することもある。変化し発達する情報メディアをどんどん活用していく。

「新教育」実践の場が、学習者の「切実な」「問題」意識に大事な接点を求めたように、私たちは、その「求める」ことのできる「教育観」を、混迷をつゞける状況の中で、学習指導の「価値」目標として、日々具体化しつゞけていかなければなりません。それは、「ジャンル」の羅列に終始しがちな教科書の体系に拘泥することのない学習（教）材開発活動の中で、確かめられては発展的に修正されていくものに、違いありません。それは、「情報化社会」や「国際化時代」と言われる激変の側面にのみ寄り添うのではなく、学習者の世代が、普遍的にそれによって揺さぶられ、自己変革を自覚する「価値」に寄るものでなければなりません。今日も、また混迷の中で、「経験」と「基礎学力」との間で揺れ動いているとするならば、この「価値」としての学習指導目標をこそ、確認し合うべきではないでしょうか。学習者１人ひとり、学習者集団、指導者自身、そして学習（教）材の「問題意識」を、組織化できるか、その力が、求められます。

4．「組織化力」を求めて

詩人黒田三郎に、「ある日ある時」という作品があります。明日の指導

者を目指すＡさんは、この詩を学習（教）材にして、模擬授業に臨みました。

○　秋の空が青く美しいという　／　ただそれだけで　／　何かしらいいことがありそうな気のする　／　そんなときはないか　／　空高く噴き上げては　／　むなしく地に落ちる噴水の水も　／　わびしく梢をはなれる一枚の落葉さえも　／　何かしら喜びに踊っているように見える　／　そんなときが[4]

《発問》　「何かしら」が無かったら、どうなるか。
　Ｂ　「何かしら」がなかったら、「そうな」や「ように」という言葉の曖昧さが、際立たないと思う。
　Ｃ　「何かしら」が無かったら、具体的なことを読者は求めてしまうと思います。「何かしら」が入ることで、あの何とも言えない幸福感がかもし出されていると思います。

　この２人の学習者（役）の反応に接したとき、指導者（役）は、その学習指導目標の再確認を、どのような方向に「組織化」していくべきでしょうか。学習の場には、「曖昧さ」そのものに注目するＢさんと、そこに「幸福感」を捉えているＣさんとの違いが、浮き彫りになっています。

　まず、Ｂさんが指摘している「何かしら」と「そうな」や「ように」との関係を、「言語事項」として、あるいは一般的な用法での短作文としてなどで、「練習」することが必要でしょう。そのこととは決して別ではなく、その中からこそ、この詩における「幸福感」のありようについて、初めて吟味する道が、拓かれるでしょう。その延長線上に、指導者（役）は、現代の生活における「欠落感」の側面から、学習指導目標を確認することが、求められます。

　その「目標」への「組織化力」は、たとえば、さらに新川和江の詩「橋をわたる時」[5]や石川啄木の「何となく　／　今年はよいことあるごとし　／　元日の朝晴れて風なし」[6]をも学習（教）材化することによって、学習者の「問題」の「切実さ」を、掘り起こしてもいくはずです。

おわりに

「学力低下」論の標的となった「教科的能力」は、「子供の切実な問題」追究の「過程」で、「重要な内容」であるにもかゝわらず残ってしまう性質のものなのでしょうか。それは、むしろ鋭い糸口として、後者としての「価値」目標を、より確かなものにする位置づけが、必要です。

第２節　「生活カリキュラム」を、創造する

はじめに

「新教育」の受容における困難な実情が、とかく「教科的能力」重視への「修正」へと傾斜しがちであったのは、なぜでしょうか。「コア・カリキュラム」の意義を認め、「生活カリキュラム」としてその実践に力を注いだ原点に、もう一度立ち戻って、その原因を探究してみましょう。

１．「課題」と「実態」と

かつての文部省は、1992（平成４）年５月、『高等学校総則　指導資料　教育課程の編成と学習指導の工夫』を示し、その第１章「教育課程編成の基本的な考え方　第１節　生徒の実態と高等学校教育の課題」の中で、その「課題」を次の４点に分けて指摘し、提案していました[7]。
(1)　生徒の主体的な選択を重視した教育の推進
(2)　人間としての在り方生き方に関する教育の推進
(3)　個に応じた指導の推進
(4)　自己教育力の育成
この４点は、「自立の遅れ」「自己充実感の希薄さ」や「不適応」や「意

欲」の欠如のような「多様な実態」を確認した上での目標となっています。

　こゝで当然問題になるべきであったのは、「実態」をそのまゝの前提にして、「課題」の方向を、それに合わせて確認していた点ではなかったでしょうか。なぜならば、たとえば「主体的な選択」や「個に応じた」は、「在り方生き方」や「自己教育力」の前進を抜きにしては、「選択」を恣意的に止まらせ、「個」を「希薄さ」のまゝで固定してしまうことになるからです。このような現状肯定の上に立った「推進」は、ついには「自己教育力」を、文部科学省言うところの「社会の変化に対応する」ことの意義を矮小化し、多彩な「個性」を、混迷する社会の現実に妥協させてしまいます。今日、先の4つの「課題」は、「実態」を変革する展望とともにあるべきです。

　学習者たちは、どのような「多彩な」「実態」をみせていようとも、大人がしでかした結果としてのこの混迷の状況の中で、懸命に「生きぬこ」うとしています。その向かおうとしている、同時に向かわせたい目標を、学習者と指導者とが心底理解し合い、一歩先に設定したいものです。

2．「内容」と「方法」と

　山口大学教育学部付属（ママ）光小学校では、1955（昭和30）年10月5日、その「研究紀要　第三集研究会特集号」で、「学習活動の深化」の方向を探究しています。中で、「国語科研究部」（友森孝通・友森哲人）による「国語の基礎学力の発達――読解力発達の一考察――」は、「国語科における各学年の中心目標・基礎学力の発達」を、まず次のように整理しています。

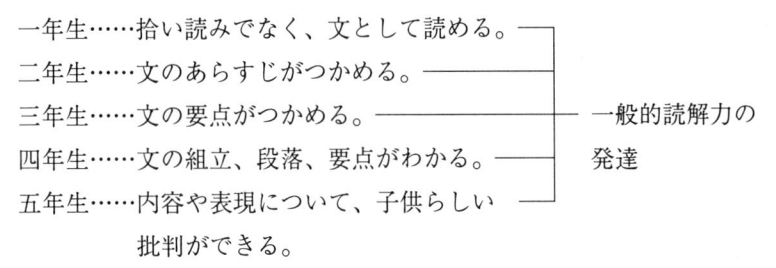

　　一年生……拾い読みでなく、文として読める。―┐
　　二年生……文のあらすじがつかめる。―――――┤
　　三年生……文の要点がつかめる。――――――――├――一般的読解力の
　　四年生……文の組立、段落、要点がわかる。――┤　　発達
　　五年生……内容や表現について、子供らしい――┘
　　　　批判ができる。

六年生……感想や批判をまとめながら読める。
　その上で、この報告は、国語教科書の重要性を認めつゝも、その「教材」の「内容、取材の方向が、あまりにも社会的要求からのものが多く、又強い」ことを指摘し、これらが、「子供の興味・関心にマッチしているなら問題はさしておこらないが」と、「一抹の不安と、内容に関する研究の必要」を説いています。その結果、「教材にもられた内容をつかます」ことよりも、「内容をつかみとる方法を習熟さす」ことの方が、第一義的な読解力だとしています。
　その上で、この報告は、「表現群の読解力の発達」として、「詩情」「物語」「思索記録」「演劇」の４つの横軸を立て、各学年全体の「読解力発達表試案」を、提示しています。
　こゝには、「社会的要求」と「子供の興味・関心」とのミス「マッチ」を、学習指導の目標において、「内容」から「方法」へと転換することにおいて克服しようとした足跡が、窺えます。

3．「実践目標」への視点

　野地潤家博士は、夙に「国語科授業の実践目標」について、次のように喝破されました。
○　国語科の実践目標は、既成の理論目標（あるいは抽象度の高い目標）を安易に借り入れてくるだけでは、真に国語科の授業を成立させ、充実させうるものとはならない。各単元の性格・機能・組織を的確にとらえると同時に、学習者の実態、教材の特質に即して、生きた実践目標を見きわめ、その樹立をはかっていかなくてはならない。国語科の授業の成否は、その実践目標をどこまで生きてはたらく目標として設定しうるかにかかっているといわなくてはならない。実践目標が借用目標に終わるようでは、主体的な独自の授業は期待しえないだろう。／　国語科の実践目標は、指導者の側からする指導目標と学習者の側からする学習目標とから成る。指導者と学習者（児

童・生徒）との話しあいによって、国語科授業時間ごとの学習目標が設けられ、それに向かって学習活動の組織化が目ざされ展開がはかられることが多い。そういうばあいにも、指導者としてはそういう学習行為を通じて、どういうことを、どういう学力を、国語科として目ざすのであるのかを、指導目標として明らかにしておかなくてはならない[8]。

　こゝには、「指導目標」と「学習目標」とを統合することのできる「実践目標」の成否が、厳しく問われています。すなわち、野地潤家博士は、この「内実」は、「子どもたち（生徒たち）のことばへの指導者の対応」如何にあるとされ、これこそが、「まぎれもないことば学習の実の場であるはず」と喝破されてもいます[9]。学習指導の「内容」や、ついには形骸化された「方法」のみが、「借用目標」として「マニュアル」化されてはならないのです。学習者のことばに「きゝひたり」、「きゝ分け」て、その彼方にこそ、状況を「生きぬく」に足る「価値」としての「目標」を組織することができる。このような「実践目標」を刻々発展・展開させたいものです。

4．「実態」からの「目標」創造

　山口県周南市にある県立鹿野高等学校の3年生23名は、単元主題「私たちにとって、『自由』とは何か。」のもとに、安部公房の『鞄』[10]を経て、吉原幸子の詩「発車」[11]の学習の閉じ目に、「現実の中で、『自由』は、どこにいけば見つかるか。」との発問に、答えました。

　A　私が思っていた自由とは違うものだったのかもしれないと思う。鞄（ママ）と発車（ママ）を読むまでは自分の好きな事を何でもできるような広いものだと思っていた。でも、いまは何か少し制限された中で自分の思うような事ができるのが自由なのかもしれないと思う。人間関係は私たちにとって切っても切り離せないものだと思う。そういう制限のようなものと私たちがどうやって上手く付き合っていくかとい

う事が自由というものにつながるのではないかと思う。
B　この現実の中、本当に自分が望む「自由」があるのだろうか。私は「鞄」を読んだ時には束縛されていても自分にできる事を十分に発揮さえすれば自分にとっての自由がつかめたものと考えた。しかし、「発車」は、誰にもじゃ魔（ママ）されないひとりの世界が自由とのべてある。私は結して（ママ）、ひとりで自由をつかむことはできないと思う。束縛があるからこそ、その現実から少しはなれた所に自由がある。私にとっての自由は束縛の裏にある少しの時間なのだ。

「制限」と「上手く付き合う」、「束縛の裏にある少しの時間」——私は、「自由はない」と「好きなことができる」との多くの両論の中で、A・B２人の学習者の反応に、特に注目しました。「上手く」や「裏・少し」と表現せざるを得ない２人の状況認識を、どのように理解し、なおなおその１歩先を示すことができるのか。「実践目標」の構築を、求められました。

安部公房は、この作品を、「私は嫌になるほど自由だった。」と結んでいます。また、吉原幸子は、「ただ　あのベルがなりやんだら——」と結んでいます。この「嫌になる」や「ただ」に食いつき直して、内なる「自由」について、ともに価値学習を深化させることが、学習者の表現から、「実践目標」として、厳しく問われているではないか。こう学んで、私は、今、詩人嵯峨信之の「骨」でのかつての学習指導[12]を、こゝに生かしたく、準備しています。

おわりに

「生活カリキュラム」の創造に懸命であった先学が、迫られてその「修正」に苦闘した原因には、外発的な「学力不足」論に支配されての「方法」論への傾斜があります。今日、本気で「学習者主体」の学習指導を目指し直すならば、「実態」への解放された沈潜が、求められます。

第3節　「綜合的学習」か「教科的学習」か

はじめに

「地域社会の要求」に「児童の要求」を適合させ、しかも「教育の一般目標」にも通じさせる。——山口大学教育学部付(ママ)属山口小学校の「修正教科カリキュラム」は、この理念のもとに、「新教育」の曲がり角に対応しようとしました。新たにどのような問題を、惹起したのでしょうか。

1.「手づくりの授業」

映画監督の熊井啓氏が、敗戦後すぐの「国語科」授業を回想しています。指導者は、折口信夫のまな弟子で、師が「わたなかの島に　とかげを食いつくし　なほ生きてあるを　おどろきにけむ」と歌い上げた、復員した直後の石上順氏でした。教科書もない。石上順先生は、「廊下の大きな黒板に毎朝、詩、俳句、短歌、古典の名作の文章を選んで書き、それに長文の解釈を添えて」示されたとのことです。熊井啓氏は、「文字は美しく気品があり、どの文章もじゅうぶんに言葉を練った表現であった。」と回想して、さらに、次のように述懐しています。

○　私たちはその一字一句をノートに写し取ったのだが、写していくうちにいつしか戦争で荒んだ心が癒され、不思議な安堵感と学ぶことの喜びが湧いてきた。文学というものが持っている力を先生は、まさに手を通じて教えて下さったのである。／　私は今も時々、あの貧しい時代と白墨の粉をあびながら黒板に向かって書いておられた先生のお姿を懐かしく思い出す[13)]。

こゝには、指導者石上順先生の、学習（教）材開発力・「解釈」力・「表現」力に裏打ちされた確かで豊かな「実践目標」が滲み出た成果が、見事

に花開いています。半世紀近くたって、かつての学習者に、「癒」しや「安堵」や「喜び」の実感を、しみじみ回想させる学習指導力の根基にあったものの尊さを、思わずにはいられません。強いて申せば、石上順先生の学習指導の「方法」、「手を通じて」の１点に、凝縮されていたのです。「綜合」の真髄があります。

　また、次のような短歌に、この精神を託して表現された人も、います。
　○　賢治の生とつとつ語るに生徒らの顔いつしかに真摯になりゆく
　　秋田県　加藤和子　朝日歌壇　1993年10月31日
「とつとつ」であるからこそ、「いつしかに」の成果が、保障されていくのでしょう。

２．無理のない「教科の統合」

　山口大学山口師範学校教育研究所では、1950（昭和25）年３月、機関誌『学習指導』において、鋭意その実践に努めてきた「生活カリキュラム」を、具に再検討しています。中で、八木哲人氏は、「カリキュラム研究（修正教科）の反省と発展」と題して、次のように整理をしています。
　○　吾々の望むカリキュラムはどこまでも現実的なものでなくてはならない。その為に、教科、経験両カリキュラムの長所短所は研究の進行中常に根本的考えであったことはいうまでもない。そこで教科のわくは生かしながら、各教科間の連関統合を考えたカリキュラムを考え、その中にできるだけ多くの生活単元を構成して、学習を展開していく案を作ることになったのである。そしてこれに名づけて「修正教科カリキュラム」としたのである。
その経過での「批判討議」を通しての「一つの統合単元」への「基準」は、次のようでした。
　(1)　各教科間の学習事項の重複をさけ、児童が自然に学習できるごとくすること
　(2)　教材の縦の排列を考え、学年の能力相応の学習活動を持たせるこ

と
　(3)　統合できないものは、その教科のままで学問体系を生かして流すこと

その上で、でき上がった一学期間の計画は、しかしながら、次の「不満」を呼ぶものでした。
　(1)　修正教科の教育哲学的背景が確立していないということであった。
　(2)　目標の分析というか、能力表が作られねば学習が思いつきになるおそれがあること。
　(3)　指導要領からすぐに単元を設定するのは飛躍があり、もっと段階を通って具体案を作り出さないと、単元構成に困難があるとともに、近視眼的となったり、不適切なものが選ばれるおそれがあること。
　(4)　各教科ごとの単元は構成されても、実際にこれをどのように毎日毎日ふり当て、児童の生活にまとまりをつけたらよいのか、こういう点を解決する展開案が今一つほしい。

その結果、次の意味で、「基底」を各教科で考える方向を、打ち出しました。
　(1)　基底とは目標や問題と、個々の教師によって作られる具体的な作業単元との間の媒介をするものである。
　(2)　したがって目標概念の具体化統一化されたもので、児童の学習経験に指向性を与えるものである。

すなわち、「国語において読む、書く、話す、作るといったような機能を満足さすために、すぐ学習単元にもっていくのでなしに、『読み方のおけいこ』『レポート』『お話会』『論文』などと、大まかな主題を考える」との謂でした。「教科をできるだけ無理なく統合し、児童の生活にまとまりのあるように学習させよう」とのねらいが、この方向を辿らせたのでした。

3．「総合的な学習の時間」

2000（平成12）年度、幼稚園から始まった新「学習指導要領」に基づく「総合的な学習の時間」は、その実践にあたっての「ねらい」と「配慮」とを、次のように提示しています。
(1) 自ら課題を見付け、自ら学び、自ら考え、主体的に判断し、よりよく問題を解決する資質や能力を育てること。
(2) 学び方やものの考え方を身に付け、問題の解決や探究活動に主体的、創造的に取り組む態度を育て、自己の生き方を考えることができるようにすること。

すなわち、「課題発見力」および「自己学習力」ともいうべき2点を、このように「ねらい」とした上で、「配慮」については、(1) 体験的な学習・問題解決的な学習 (2) 学習形態・指導体制・教材や学習環境 (3) 国際理解・体験的な学習——といった諸点が、強調されています。

このような「ねらい」（目標）を持った時間の「特設」は、文化遺産としての学問体系に従った分化の原理による教科科目別の学習指導では、今日特に求められている「生きる力」に資するには不十分である、との認識に基づいています。「学習指導要領」が例として挙げている「国際理解」「情報」「環境」「福祉」「健康」などは、「分化」の一教科科目の中だけでは、解決できない状況の変化を、確認してのことです。「横断的」「総合的」との発想の根拠です。

こゝで大事なのは、ある教科科目での学習指導が、その目標・内容・方法において、必然的に「横断」や「総合」を求めているかでしょう。たとえば、「国語」で、ある詩を学習（教）材としたとしましょうか。ことばを通して、知識や技能の習得に止まらず、価値としての思考や認識や創造の世界に誘われたとき、たとえば、次の学期に計画されている「音楽」の単元と、「横断的」に、いわゆる「クロスカリキュラム」を組んでみたくなるでしょう。あるいは、説明文や論説文で、環境問題に迫ったとしましょ

うか。同様に、「理科」とのそれ、といった試みが、願われてくるでしょう。この基盤が、日常的に希われていなければ、「総合」は外発的にすぎません。

「学力低下」論からの攻撃は、すでにこの弱点をついているのです。

4．「動的把握」の「総合」

山口大学理学部教授の千葉喜彦氏が、「基礎と応用」と題して、こう述べていられます。
 ○　研究には、「基礎」とか「応用」とかにあまりこだわらず、互いに耳を傾けたり、傍目八目の意見を述べあったり、相手の分野で仕事をしたりということが、気軽に自然な形でできる雰囲気があるほうがいい。学問は、こういうやり方もまた楽しい[14]。

また、一方、作曲家の中村摂氏は、こう説いていられます。
 ○　今日は多大な情報に満ちているようだが、何のことはない、情報の伝達機構が発達しただけで、伝達される情報そのものの量や質は貧弱なものである。人の集まるところにはやたら人は密集しているが、ちょっと群を離れてみれば、たちまち人気は失せて未開地が延々と拡がっているような状態である。そしてその未開地の中にこそ"オアシス"は存在するのではないだろうか[15]。

まず、千葉喜彦氏の指摘は、「相手の分野で」に力点があります。とかく「専門」の分野に狭く閉じこもって、分析のための分析に終始して、方法に溺れ目的を忘れてしまいがちなのも、常に省みなければならない事実です。また、「伝達機構」としての次元でその「密集」に埋没してしまうのも、中村摂氏の指摘するように、"オアシス"とは無縁の隘路に入るばかりでしょう。

藤原与一博士は、「対象と方法とに対する巨視的態度」の必要を、こう説かれまとた。
 ○　方法の精密、あるいは機械利用、または実験方法が、前面に出すぎ

て、言語生活の事態が見うしなわれたり破壊されたりするよりも、言語の事態・事実の、よく動的に把握されているほうが、はるかによいのではないでしょうか[16]。

「綜合的学習」か、「教科的学習」かの問題も、常に「破壊」を戒めながら、「動的」「把握」を求めつゞけることが、要請されているのです。学習者のことばは、生きて働いています。

第4節　「用具的使命」か、「文化価値追求の使命」か

はじめに

「新教育」が「修正」へと追い込まれたのには、内なる営為の中で、「教科的学習」への傾斜が、さらに分析的に追究されたことにもよります。『光プラン』が、「綜合」を求めながら、「研究課程」への力点を具体化した過程に、その典型の1つが見て取れます。(「資料編」第Ⅴ章第4節【資料1】参照)

1．事実、歴史的事実・個性、愛情

文芸評論家の小森陽一氏が、ことばの力について、次のように述べています。
　○　たった一つの単語であっても、その背後には、言葉を使用した者をがんじがらめにする思考様式や感受性、あるいは世界認識の方法や身体知覚のあり方までにおよぶ拘束力が潜在している。しかし、それまでの言葉の蓄積からは、まったく予期することのできない出来事が発生してしまえば、言葉の世界はその無力さをさらけだす[17]。

この「拘束力」に「がんじがらめ」にされながら、かつ、「予期することのできない出来事」に遭遇しながら、だからこそ、私たちは、ことばと

格闘しながら、その確かさと豊かさとを求めて、「言語文化」を蓄積してきました。これをどう受け止めて、自ら「文化」創造に参与するか。「文化価値追求の使命」には、このようなことばの力への洞察が、まず求められています。

また、作家なかにし礼氏は、「事実」と「個性」と「愛情」との関係を、道破しています。

○　「いっちょん難儀じゃなか。事実にたいする愛情があるなら、これは心躍る仕事だ。我々の目には羊といえばみな同じに見えるが、羊飼いの目には一匹一匹の羊の個性がはっきりと分かる。それと同じだ。一つのささいな事実がおいの目には厳然たる歴史的事実として映るのだ。そしておいの耳には長崎に生きて死んだ名もない人々の息遣いが聞こえるのだ。何年もかかったが楽しい仕事だった」[18]

「文化的価値」を「追求」するということは、また、このような「歴史的事実」としての「個性」を追求することなのです。『光プラン』が、「用具的使命」とともに「研究課程」の２本柱に「文化価値追求の使命」を立てたのには、つまるところ、このような方向が、認識されていたためではないでしょうか。「基礎技能」の「体系的理解」を「生活化」する意義は、このような認識が、「用具的使命」に対して、その求心力をどのように持つかが、問われていたはずです。

２．「国語教育本来の姿」

1947（昭和22）年、今石光美氏は、「『国語で』か『国語を』か『国語へ』か」の視点から、「国語教育」独立の必要性を具に検討し、ことばの「道具」論を戒めていられます。

○　（前略）時代がかわったのであるから、人間性を培うべき教材や、科学的なものが濃厚にとりいれられることは予想され得るのであるが、だからといって、社会科も数学も図書も同じようにねらう究極の目あてを、より直接的の目あてとする時には、あえて国語教育を

独立させる必要があるであろうか。／ いわゆる内容主義の国語教育がこれであって、とりあげられた素材のみについて指導し、あげくは「だからどうしなければなりません」「○○のように私達も○○しなければなりません。(ママ)」と教戒的なことばで結ぶのである。かゝる指導はことばを冷やかに固定した機械的なものとして単に思想をもる器にすぎないと道具視する考え方から生まれるのであり、ある目的を達成するために国語で指導するという手段主義の国語教育であるといえる。／ しかしながら、今にして吾々は国語教育本来の姿をみつめなければならない[19]。

この上で、今石光美氏は、「ことばと思想」との「密接不離の関係」に言及し、「文化」「伝承」「伝達」、「創造」「向上」にこそ、国語教育の「独立した姿」の「定位」を見出しています。国語教育が、「中心学習」としての社会科や理科の単元学習に対して、「周域学習」「用具学習」として出発しようとしていたとき、このような「定位」を確認しなければならなかったところに、「修正」への傾斜が具体的になってくることへの淵源が、すでにあったといえるでしょう。今日、「基礎学力」と「基本学力」との峻別が求められるのも、こゝに繋がるでしょう。「用具」の対象に終わるのではない「文化価値追求」こそが、「生活課程」を生かしたはずです。

3．「ゆとり」と「学力向上」と

2002（平成14）年春から施行された現行「学習指導要領」は、「ゆとり」教育・完全五日制を前面に打ち出して、出発しました。「総合的な学習の時間」は、その推進力となるはずの新路線でした。ところが、「中央教育審議会」は、2003（平成15）年10月7日「学習指導要領」の「書き換え」を求めました。翌2004（平成16）年2月3日には、「文化審議会」が、「これからの時代に求められる国語力」についての答申をして、指導の重点を「読む」と「書く」に置き、全教員の国語力をも求め、国語教育の見直しを提言しています。「中央教育審議会」は、これをどう受け止め、「学習指

導要領」は、どのように「記述の見直し」、さらには「改訂」を行うのでしょうか。

これらの流れの目指すところは、次の3つのポイントに収斂しようとしています。

(1)「基準性」の明確化 (2)「総合的な時間」の充実 (3)「個に応じた指導」の充実——です。中でも注目すべきは、(1)の点が、「学力低下」の論議に影響されて、「歯止め規定」の見直しへと向かっていることです。すなわち、「習熟度別指導」の名のもとに、一方では「補充的な学習」を求め、他方では「発展的な学習」をも奨励しているのです。

こゝには、「学力」についてのどのような共通理解が、踏まえられているのでしょうか。「個性」は、この2つの方向に区別されていかないでしょうか。「総合的な学習の時間」の「総合」理念は、どうなるのでしょうか。「基礎的な学力」と「基本的な学力」との関係は、どのように考えられているのでしょうか。この趨勢の延長線上に、2004（平成16）年11月2日には、文部科学大臣からは、「義務教育改革私案」が提示され、「学力で世界のトップを目指す」ためにとて、「全国学力テスト」の実施が、目指されています。また、「教育特区」の発想も、相俟っています。

「ゆとり」の中でこそ「生きる力」が育まれるとの共通認識と、このような趨勢の中で目指される「学力不足」「学力向上」の発想とは、どのように共存できるのでしょうか。「新教育」における「修正」営為が傾斜していった道筋は、今日のこの趨勢に警告を与えています。

4．「ことばを通す」

「新教育」における「単元学習」が「修正」に追い込まれたのには、自身の学習指導目標に、切実な「価値」が、確認されていなかったことがあります。そこへ、「学力不足」論が、旧来の学力観から突きつけられたとき、「学力」は、「基礎学力」の範囲でのみ、「用具的使命」から「文化価値追求の使命」へ、模索されていきました。「経験」や「生活」は、遠く

なったのです。

　先の山口県立鹿野高等学校の3年生23名は、岩本隆行教諭に導かれて、単元「私たちにとって、『自由』とは何か。」の閉じ目に、歌手尾崎豊の歌「卒業」と「15の夜」とを学習（教）材にして、次の2つの発問を中心とした学習を、展開していきました。

　(1)　尾崎豊は、「あがく」ことによって、何をどうしようとしたのか。
　(2)　尾崎豊は、ほんとうの「自由」にたどりつけたのか。

　そこで、岩本隆行教諭が焦点をあてたのは、「あがく」という動詞1語でした。まず、「あがく」の一般的な意味を問います。「さわぐ」や「あばれる」などと、置き換えられました。参観していた私は、この具体的な場面で、「用具的使命」と「文化価値追求の使命」とを引きつけてみました。「あがく」には、「何かを目指しているのだけれども、如何せん、状況は非常に不利である。しかし、全力を必死で出し切って、それを獲得しようとしている。」というこの語の論理構造に、気づく必要が、あるのではないか。「あがく」を使って、具体的な場面を想定した短作文を試みるのも、よい方法であろう、と。その上で、尾崎豊の「あがく」を、どう評価するのか。

　その上で、他のことばをも、この1語のこのような「価値」に引きつけたとき、初めてこの学習（教）材は、「文化的価値追求の使命」の在り処を、浮き彫りにしてくるのではないでしょうか。さらには、岩本隆行教諭の目指す「自由とは何か」の学習指導目標も、「基本的な学力」への糸口を発見し、「経験」「生活」に密着した問題解決学習・自己学習力の保障へ、向かっていくでしょう。先学の「修正」の限界を、このようにして超えたいものです。

おわりに

　『光プラン』の先学は、「新教育」の曲がり角において、なおなお「経験の組織化」こそが「原理の経験化」に優先するとする原則を押さえなが

らも、後者の内部での展開を目指していきました。「一地精査」の彼方にこそ、「総合」としての「経験」が、意義を持ってくるの謂でした。

結語

市村弘正氏に、「名づけの精神」という文章があります[20]。その中心の4つの段落は、次のような内容によって、運ばれています。この評論文に、何を、どのように学ぶべきでしょうか。
(1) 名づけるとは、物事を創造または生成させる行為であり、そのようにして誕生した物事の認識そのものであった。
(2) 社会的存在の第一目ともいうべき子どもが、世界を自らのものとするべくはたらきかけるとき、その所与性への正当な無視において、名前に基づく創造の奇跡的能力が発揮される。
(3) 子どもたちは、既存の社会が与える名前の体系から離脱して、その物との不断のつき合いの中から、例えば一匹の虫（水すまし）に別の名前（字書き虫）を与えたり（後略）
(4) 名前の変更とは物それ自体の変貌を意味する。

こゝには、たとえば学習者・高校生一般にとっても、難解な語彙やその用法が、随所にあります。それらを、段落の順に確認していくと、「用具的使命」を果たす域止まりに陥りがちになりましょう。たとえば、(2)の「所与性への正当な無視」に注目したとしましょうか。① 「所与性」とは、どこから与えられた何であるのか。② 「無視」が「正当」とされるのは、なぜか。――と問い詰め、考え合うことも、意味あることです。しかし、もっと実感が必要です。

そのためには、たとえば、のっけから(3)の「虫」の例を軸にして、そこに他の段落での論理を、すべて引きつけてみたら、如何でしょう。(1)も(2)も(3)も、「水すまし」から「字書き虫」へのそれこそ「変貌」の実質を、理解することが、一般化での認識を、本物にする道でしょう。「既存」「す

ます」と子どもの発想における「書く」とが、それぞれその「虫」と「水」との関係を、どのように「認識」しているかが、浮き彫りになったとき、初めて先の①も②もが、理解されてくるでしょう。追い込まれないため、焦点を見据えた「価値」学習が、求められます。

注
1）大岡信「折々のうた」2004（平成16）年11月2日付　朝日新聞　所収
2）山口師範学校教育研究所『学習指導』第3巻第9号　特集「カリキュラムを語る」1949（昭和24）年9月刊
3）浜本純逸『新単元学習の活性化　国語科新単元学習の構想と授業改革』上巻　1994（平成6）年7月　明治図書出版刊
4）黒田三郎「ある日ある時」『日本の詩歌』「現代詩集」2001（平成13）年7月5日　中央公論社刊
5）新川和江「橋をわたる時」（第Ⅰ章第2節注4）参照〉
6）石川啄木「哀しき玩具」現代日本文学全集　15　『与謝野寛　与謝野晶子　石川啄木　北原白秋　集』所収　1954（昭和29）年11月5日刊
7）文部省『高等学校総則　指導資料　教育課程の編成と学習指導の工夫』1992（平成4）年5月20日　学校図書刊
8）野地潤家「国語科教育の目標と内容」『国語科授業論』1984（昭和59）年5月20日　共文社刊　『国語教育基本論文集成』1　「国語科教育基礎論（1）目標論」1994（平成6）年　明治図書出版刊
9）野地潤家「二　国語教育の内発的革新」『国語教育原論』「Ⅰ　国語教育の役割と課題」「四　ことば・日本語・国語教育」1975（昭和50）年6月10日　共文社刊
10）安部公房『笑う月』1975（昭和50）年11月25日　新潮社刊
11）吉原幸子『続・吉原幸子詩集』現代詩文庫　169　2003（平成15）年2月1日　思潮社刊
12）拙著『高等学校　私の国語教室――主題単元学習の構築――』1988（昭和63）年6月30日　右文書院刊
13）熊井啓「手づくりの授業」「出あいの風景」欄　1992（平成4）年4月20日　朝日新聞夕刊
14）千葉喜彦『山口大学保健管理センター便り』第126号　1992（平成4）年11月2日　発行
15）中村摂「作曲家と聴き手の間に横たわるもの」『ヘルメス』No.41　1993（平成5）年1月8日刊
16）藤原与一『私の　言語の学』1986（昭和61）年10月15日　三弥井書店刊
17）小森陽一「鋳型を溶かす」「文芸時評」1999（平成11）年11月24日　朝日新聞朝刊

18）なかにし礼『長崎ぶらぶら節』1999（平成11）年1月30日　文芸春秋刊
19）今石光美「国語教育の基底──『国語で』か『国語を』か『国語へ』か──」
　　広島高等師範学校附属国民学校　教育研究会編『学校教育』第353号　1947（昭和22）年2、3合併号
20）市村弘正「名づけの精神」『名づけの精神史』1987（昭和62）年4月25日　みすず書房刊

第Ⅵ章　「新教育」は、どのように変質していったのか

　2004（平成16）年2月3日、「文化審議会」から文部科学相に答申された「これからの時代に求められる国語力」は、指導の重点を、「読む」と「書く」とに置くことを、求めています。こゝには、2002（平成14）年度実施の「学習指導要領」の導く「国語」の学習指導の在り方とその結果の「学力」の成果についての批判が、早くも形をなして迫ってきた事実が、如実に表れている、と言えましょう。これは、「これからの時代」を、価値の多様化、都市化、少子高齢化、国際化、情報化などの特徴において捉えた上での、「国語」力への注文が、反映しているのです。

　この認識が具体的に求めた結果が、「読む」と「書く」とへの回帰であることは、とりわけて注目されます。新しい「指導要領」は、従来の「二領域・一事項」の体系から、「三領域・一事項」のそれへと転換し、「話すこと・聞くこと」を第1に据えたばかりでした。「音声言語」重視の基本理念は、早くもこゝに「修正」を迫られているのです。

　顧みますと、1954（昭和29）年5月、山口大学教育学部光中学校の尾崎家連氏は、その論考および著書（「資料編」第Ⅵ章第1節【資料1】【資料2】参照）で、次のように述べていました。

(1)　「読む」「書く」こそが、国語科教育の本命である。
(2)　「教科書重視」の中で、これが「きく（ママ）」「話す」の土台となる。
(3)　「おとなのことば」、「地域社会とのへだたり」が、あってはならない。

　「新教育」が大きな曲がり角にさしかゝっていたとき、真摯な実践者からこのような観点から具体的に提示されたことは、今日の「答申」を引き

据えて、何を再確認しておかねばならないのでしょうか。尾崎家連氏の(2)や(3)やを前提とした(1)への努力にもかゝわらず、「新教育」の理念が、くずおれていった事実は、改めて吟味され、同じ轍を踏まない共通理解が、求められています。

第1節 「実践」が、理念を突き動かした

はじめに

外発的であったにせよ、「新教育」を享受しようとした実践人たちは、その理念の崇高さを、信じて疑いはしませんでした。しかし、いざ実践に1歩踏み入れてみますと、常に二律背反の壁にぶつかりつゞけたのです。この実践が、理念をどのように動かしていったのでしょうか。

1．「言葉のひとり歩き」

1994（平成6）年ですから、もう10年も前のことになります。東京都の63歳の男性が、「『新学力観』に困惑する学校」という題で、次のような投稿をしていました。
○ （前略）最近、文部省が、「新学習指導要領」にともなっていい出した「新学力観」なる言葉もその例である。「新」という言葉に何かしら魅力を感じる向きもある。／　しかし、この新学力観とは、知識・理解より関心・意欲が大切だ。それが態度で示されることが大事だというのである。さらに、そのために子どもの個性を「尊重」し、教師は「指導」をやめて子どもが"自ら学ぶ"ようあくまで「支援」するというのである。／　新学力観の言葉がひとり歩きし始め、学校現場は困惑している。これまでの授業は「教え込み指導」だと否定され、"覚えなくても、楽しく参加し、おもしろければ"という

第Ⅵ章 「新教育」は、どのように変質していったのか

授業にまったく様変わりしてしまった。／　新学力観とは、実は新しい差別を生む学力観である。果たして、これで子どもたちに「真」の学力が身につくのか疑問である。／　かつて「ゆとり」の時間（学校裁量）の言葉に生徒も教師も「ゆとり」を失った皮肉なことに再びなりかねない。教師も父母たちも「新」「尊重」「支援」など、美化された言葉に惑わされてはならない[1]。

　「『新教育』は、どのように変質していったのか。」の問題は、今日、この10年の間に、「『新学力観』は、どのように変質していったのか。」と、同質の課題を、私たちに突きつけてはこないでしょうか。「言葉のひとり歩き」は、外発的な理念を、実践の場から切り離して、机上の論理や経済効率の視点から被せようとするところから、始まります。「新教育」の実践家たちは、少なくとも、この潮流に、内発的に立ち向かっていきました。それでも、抗し切れずに、「変質」していった事実から、私たちは、教訓をどのように学び取るべきなのでしょうか。座して待つわけには、まいりません。いわんや、「ことば」を通して学ぶ「国語」においてをや、です。

2．「教育的交渉」

1951（昭和26）年2月、「新教育」が1つの壁にぶつかっていたとき、海後宗臣氏が、その著『新教育の進路』で、そのとるべき道を、その「序」で、次のように説いています[2]。

○　新しい教育の批判をなし、今後の方途を指示する人々の中には、このような反応が起ったのを機会に、旧い教育の観念を再現して実践の新しい意味を崩壊させ、それに代るものとして旧態依然たる教育を提唱するものも少なくない。又このような批判がなされると、旧い教育方式の中にとり残されていた人々に対して、今日まで何も新しい工夫を加えずして通してきた態度を正しいものであったかの如くに誤認させる結果も引き起こしている。これら最近に現われている傾向は甚だしい後退を示すものである。しかしこのような停滞性が各所に現われ

てきて、これが新しい教育の進展を引きとめる力ともなっている。
　また、その「一、新教育への反省　㈡、新教育における基本問題」では、「学習指導の基礎」について、「児童の興味や要求」から「社会による決定」への２つの「足場」への着目を、「新教育」における学習指導の要諦とし、後者について、とりわけ「地域社会の現実」を強調しています。「一般的な社会性」ではないとし、次のようにも説いています。
　○　教師が学習指導の計画を立てる際には、児童生徒の要望はいかにして現わされ、学習の自律性はどこに成立するかということが、問題となる。もしも教師の立てた学習企画が強圧力をもって生徒の学習を支配するならば、自ら学習の仕組みを立てる生徒の自律性は現わしえないこととなる。こゝに教師と生徒との学習計画における教育的交渉の問題が成立するのである。教師は学習の詳細な立案をなし、これをもってはいるが、学習に入るに当っての計画は改めて生徒と共に行い、生徒の自律計画を指導して望ましい形につくり上げるのである。
「地域社会の現実」と言い、この「教育的交渉」と言い、改めて「実践」が問われています。

　３．実践側の力量

　山口大学医学部脳神経外科の伊藤治英教授が、「臨床医の心得」と題して、ＣＴなどによる診断法の進歩の中で、「ベッドサイドから遠ざかる傾向」について、次のように説かれました[3]。
　14　よく聞きなさい。素人でも名言を生む。
　　　Fisherは学生、研究員、同僚に尋ね、新しい考えや洞察蒐集の望みを抱き、忍耐強く聞きいっている。（注　Fisher　臨床医・病理学者。脳血管障害の専門家。17条の心得を残している。1981）（ママ）
　16　患者はいつも最善を尽くしている。
　　　患者や家族を怒ってはならない。擁護しなさい。
一方、2004（平成16）年８月、前文部科学相から発表された「義務教育

の改革案」に代表される方向は、「教員養成の改革」に着目しています。さらに、受けて、「教員免許更新制」が、議論の的になってもいます。たとえば、「少数精鋭主義」を唱える次のような論も、出ています[4]。

その骨子は、次の3点からなっています。(加藤要約)
(1) 「ペーパードライバー」の激増ゆえ、免許状は、教員養成の専門大学院の終了者のみに授与する。
(2) 教育実習期間は、学校が学年サイクルゆえに、1年間に義務づける。
(3) 大学院の教授陣の半数は、現場での豊富な経験を積んでいる。

この2つの見解を重ね合わせるとき、どちらにとっても、その前提となるのは、「ベッドサイド」の現実です。もちろん、前者の場合は、それがどのような実態であってもなのですが、後者の発想に寄り添うかぎりは、そうはいきません。私たちの「臨床」の場の担い手が、その「実践」の中で、「理念」をまっとうに突き動かしこそすれ、そのあらまほしき真髄をなし崩しにしてしまうとしたら、これは、取り返しのつかないことになります。実践側の力量が、問われます。

4．実践の拠点

私の「国語科教育法Ⅱ」の学習者の1人・Mさんは、谷川俊太郎の詩「ほほえみ」を学習（教）材にして、高校2年生を想定した「学習指導計画」を、次のように立案しました。その骨子です。
(1) 学習者の実態・特色・到達段階の想定
　　学校にも慣れてきて、学校行事や部活動、個人的な友人との関わりで、忙しく充実した日々を送っている。しかし、日常の中にある何気ないことも、もう少し見つめられるようにしたい。
(2) 学習指導目標
　　1．(単元)　私達は、どういうときに「ほほえむ」か。
　　2．(今時)　「ほほえむ」ことの本当のすばらしさと人間の悲しみを理解させる。

(3) 学習（教）材の特色

　「ほほえむ」という、日常にある、一瞬の出来事に着目できる。また、当たり前だと思っている事は特別であり、人間の生き方のすばらしさと皮肉さとを、同時に知ることで、偽善でおわらないと感じたので。

(4) 想定する発問体系

　１．私達は、どういう時に人を「あざむく」のか。
　２．「ほほえみで人をあざむく」のは、どんな場合か。
　３．人は、どうして「ほほえみ」をそのまゝ表さないのか。

　Mさんは、まずは学習者の「実態」の長所を捉え、それを一歩先へと伸ばそうとして出発しました。それは、「何気ない」「ほほえむ」という２語に焦点化されました。そこには、「人間の生き方のすばらしさと皮肉さ」が、見据えられています。「偽善」との相対化の中でのことです。しかし、想定した「発問体系」は、「すばらしさ」を展望するよりも、「偽善」をえぐり出す方向へと、収斂しようとしています。「ほほえむ」ことの「本当のすばらしさ」と「人間の悲しみ」とを、学習指導目標の中核に、「価値」としてどのように引き据えるかが、今後の「実践」に期待されます。実践の拠点を、こゝから研ぎ澄まし合いたいものです。

おわりに

　「実践」に独自の拠点を持つ。どんな「理念」が押し寄せてきても、常にそこに帰る。そこから、「理念」を突き動かす。――こゝが他力本願であれば、「理念」はひとり歩きし、「実践」に歪な圧力をかけてきて、「実践」は、そのマニュアルに、知らず知らず従ってしまいます。

第2節　「評価」は、どう揺れ動いたのか

はじめに

「実践」を日々改革していくためには、まっとうな「評価」が、指導者個人のみならず、学習者自身にとっても、踏まえて指導者集団としても、それが機能していなければなりません。「共感的評価」や「支援」ということばは、それを目指しながらも、空転してはいないでしょうか。

1．「理解」の彼方に

山口県立鹿野高等学校３年生のＴさんは、歌手尾崎豊の歌詞「卒業」と「15の夜」とを鑑賞して、「自由とは。」と、表現しました。指導者から、400字という条件を与えられて、考え考え至った成果が、次のようでした。この成果は、どのように「評価」されるべきなのでしょうか。
- ○ 作者は若いうちからこの世の中に不満を抱き信じられぬ大人や縛りつけられているこの支配から、いっこく（ママ）も早く逃れたかったのだろう。

このＴさんの「表現」に対して、私は、次のように「評価」のことばを添えて返しました。
- ○ 青春は、外からの束縛に、とかく反発しますよね。常識だ、道徳だ、と言われるものさしが、どう考えても自分の心の真実には、当てはまらない、という思いを持ちますよね。信じられないという不満が、湧いてきますよね。／「反発する」と言いました。これは、あなたの言う「逃れる」と、少し異なる点を含んでいます。自分として、これだけは曲げたくない、という点があって、それがないがしろにされるから、「反発する」のでしょう。それがなくて、外から

縛られることが嫌で、とにかく今から「逃れ」ようとするのとは、どこか違いますよね。尾崎豊の「あがく」は、何か求め目指すものがあるからこそ、そうなのでしょうね。あなたのそれは、何ですか。
　Ｔさんの学習成果は、「不満」「支配」「逃れる」の３つの要素からなっています。まずは、この構造とその上に立った論理とを、私は、「理解」しなければなりません。すぐさま、そこへと修正や変革を要求したのでは、「評価」は、根底からその役割を放棄してしまったことになります。「納得」とは、別です。まずそのまゝどれだけ受け止めることができるか、こゝが一里塚です。その上で、そのまゝ停滞していたのでは、もったいない。その先がある。そこへとＴさんに気づかせ、１歩先を誘う。これが、「評価」の原則ではないでしょうか。予定調和的な注入ではない。かといって、何でもあり式にすべて肯定するのでもない。学び合う原則でもあります。

２．「評価」の理念と方法

　1954（昭和29）年６月、「新教育」が大きな曲がり角に来ていたとき、山口教育研究所では、小河正介氏を主担として、『小中学校　国語科　学習指導上の問題点とその指導』を刊行しました。(「資料編」第Ⅵ章第２節【資料１】参照) その「一五　国語の評価はどのようにしたらよいか」の体系は、次のようです。合わせて、具体的な「方法」が、「自己評価」に至り、多彩に提起されています。
　一、評価の現状は、これでよいか
　二、評価は何のために行うか
　三、評価で何を測ろうとするのか
　四、評価はいつ行うか
　五、評価はどのような方法で行うか
　「評価」は、学習成果の「評点化」ではない。結果のみではなく、過程や出発点をも、したがって、「児童生徒の学習活動全体」と「教師の指導活動全般」を包括する。──本著は、この理念のもとに、「ペーパーテス

トとして測り得るもの」の限界点を、次のように考えています。
- ○　従って国語力を正しく見ようとするには、テストで測ることの困難な態度・習慣・鑑賞力などを観察法または長期にわたる記録法でこれを補って行かなければならない。また技能についても、話し方聞き方作文のように客観テストでできにくいものは、観察法をとり、評価項目を立ててチェックリストにより継続的に記録することが大切である。／　つまり国語評価は、聞くこと、話すこと、読むこと、書くことについて習慣から理想までのすべての能力について評価しなければならないのである。

　こゝには、「理念」における総合性と「方法」における分析性との関係に、新たな問題を提起されています。たとえば、「発表を聞く態度」の「自己評価」での「評価項目」は、「◎○×」の３段階で記入することになっています。この結果は、ひとつの「マニュアル」として、「評定」での発想に逆戻りしてしまう恐れがあります。「評価」は、ことばででなければなりません。

３．存在と可能性

　存在が形あるものとして確認されるからには、測定が可能です。しかし、そこへの過程やそこからの可能性は、それと同じようには測定できません。教育における「評価」は、前者を否定するものでは決してありませんが、しかし、後者を忘れてどこまでも分析的に「存在」のみを追究したのでは、その魂を失ったことになります。今や、前者の具体的な方法の模索は、機器をも駆使して、どんどん「マニュアル」化されていっています。問題は、後者の側を、指導者自らの実践の中から、継続的にどのように集積していくかに、かゝっています。

　この点について、1953（昭和28）年11月に、広島大学教育学部附属小学校教育研究会により刊行された『学習評価の実際』は、次のように述べています。

○　ところで、ここで考えねばならないことは、評価の回数が児童にいかにえいきょう（ママ）するかということである。例え学習活動の一助とするための評価であっても、余り多すぎては児童の嫌悪を助長するのであって、悪い結果の招来も予想できよう。そのためには、評価に対する児童の考えを誤らしめないような配慮が心されることも必要であるが、児童のテストに対する感じ方を打診しつつ、児童自身の自覚に立った評価の継続的計画がなされなければならない[5]。

「回数」からくる「嫌悪」への「配慮」は、つまるところ「児童の自覚」にある、としています。「評価」の「継続的計画」は、こゝでも「テスト」観を引きずったまゝ、対象を、やはり「存在」そのものに固定する向きが、払拭されてはいません。「可能性」を「評価」しようとするからこそ、「継続的計画」が、求められていたはずです。分析止まりの「評定」は、どこまで「継続」され集積されていっても、「児童の自覚に立った」「評価」を育むことには、ならないでしょう。「存在」を理解する分析的な工夫止まりから、突き抜けて、「可能性」が立ち上がることのできる１歩先を、ことばで励ましつゞけることが、「評価」の真髄でなければなりません。

4．心・ことば・関係・行方

　私は、拙著で、「主題単元学習の省察」および「確かな『学力』、明日への『評価』」として、(1)　評価する心　(2)　評価することば　(3)　評価する関係　(4)　評価の行方──について、その実際を報告してきました[6][7]。その理念と方法とを、改めて試みてみました。以下は、「国語科教育法」「模擬授業」での私の学習指導の具体的なひとこまです。
　指導者役の学習者のひとりＹさんは、次のように「計画」を提示しました。
　《学習（教）材》　　上田篤著『日本人とすまい』　　岩波新書
　《単元の目標》　　私たちは、時代の流れと共に、何を失っているのだろうか。

第Ⅵ章　「新教育」は、どのように変質していったのか

《本時の目標》　味のある生活空間について、自分たちと文中のおばあさんの感じ方の違いはあるかと比較し、こゝから私たちが失ったものを考えよう。

　私は、特に《本時の目標》の表現については、3つの柱が、すでに混在していることを指摘し、Yさんの「目標」を、みんなでこう「理解」し、次のように「表現」し直してみました。

《単元の目標》　私たちは、何を失ってきたのか。

《本時の目標》

(1)　おばあさんの感じ方を、確かめる。(2)　「味のある空間」とは、何か。(3)　私たちは、何を失ってきたのか。

　「このようなつもりですよね。これは、あなたの『計画』の中の『発問体系』にも見合うものとして、よくわかります。しかし、このように表現し直してごらんなさい。どうでしょうか。」

　その上で、Yさんは、「日本人のすまい」での「縁」(縁側)が、著者の洞察によれば、「連結器」という1語に集約されていることに及びました。「何と何とを。」と、Yさんは問います。その結果、外と内との要素が、浮き彫りになります。そこ止まりでよいのか。私は、「つなぐ」機能へと、さらに1歩誘います。そこで、「教室」は、初めて「日本文化」の独自性へと、目が開かれていきます。Yさんへの「評価」は、出発点・過程・次時を包括して、このように継続していきます。それは、とりもなおさず、学習者Yさんと指導者である私との「自己評価」の場でもあります。「評価」は、当事者の「心・ことば・関係・行方」を見守りつゞけていきます。

おわりに

　「評価」は、制度上、どこまでも「評定」を要求してもきます。この現実の中で、まずは、それによって疎外されていく「学力」の本質について、指導者集団が、少なくとも「たまらない」心を、自己確認することです。そこから、可能性をも支える「共感的評価」が、可能になります。

第3節　「自主的仕事学習」は、何を求めたのか

はじめに

「経験単元」と「教材単元」との対立が「新教育」の理念をも揺るがし始めていたとき、山口大学教育学部附属防府中学校では、その解消を目指しました。それは、『光プラン』での「生活課程」と「研究課程」との統合の精神を、「仕事学習」の方法において、再構築するものでした。

1．「事実」と「問題」

私の担当する「日本語表現法」の年間を通しての題目は、「手紙から論述へ」です。その後期は、各自の設定した課題に即して、論述をします。それは、「事実」の把握から始まります。
 (1) 前回到達した「事実」の紹介の中には、どのような要素があったか。列挙した上で、それらの関係について、説明しなさい。
 (2) 相互批評——「列挙」された要素の相互関係は、それでよいか。
 (3) それらの要素の中で、どれに焦点を合わせたのか。また、その理由は、何か。
 (4) その「事実」の中のその「要素」には、考えるべきどのような「問題点」があるのか。また、それについての「見解」をも、示しなさい。
 (5) 相互批評——「問題点」・「見解」の両者の関係は、妥当か。「問題点」には、他の可能性はないか。
 (6) 以上の「焦点化」と「確認」を経て、改めて「課題」を設定しなさい。
 (7) この「課題」文（疑問文）を、添削しなさい。
 (8) こゝまで整理し合ってきて、論述の方向について、考えるところを

確認しなさい。
　たとえば、Ｔさんは、前時、資料の中から、次のように「事実」を捉え、記述していました。
　○　日本人の肥満率は、年々増加の傾向にあることが、厚生労働省の調査で明らかになった。特に男性では、三人に一人が肥満に迫りつつある。政府は、もっと効果的な対策を考えるべきではないだろうか。

　「論述」には、確たる「目的」が要ります。「目的」を設定するためには、収集した情報の中から、どの「事実」を俎上に上げるかが、まず問われます。Ｔさんの記述には、結びの１文に、「事実」をはみ出した内容が、あります。どの要素を焦点に捉え、「目的」に向かうか。そのためには、「事実」と「問題」との峻別、「事実」からの「問題」把握の力が、求められます。

２．「問題解決」とその「展開」

　山口大学教育学部附属防府中学校では、「問題解決学習」即「単元学習」即「仕事学習」として、「新教育」への批判に対処する独自の学習指導体系を確立し、実践による吟味を重ねてきました。(「本文編」・「資料編」第Ⅵ章参照)　1958（昭和33）年10月、同校では、「研究発表会」において『自主的仕事学習の「展開」とその指導　第四次発表』なる『研究報告書』第12号を、発表しました。大きな逆風の中での懸命な営為として、その内容と体系とは、注目に値します。
　中で、時の渡辺唯雄校長は、表題のもと、「研究主題の意義」として、次のように説きます。
　○　生徒が自ら自発的自主的に学習課題にむかい、それを自らの問題としてとりくみ、自らの力でこれを解決し、収得（ママ）していくという学習こそが、真の意味での学習であって、この本筋の上に立って、始めて教師の指導も認められ、教材の系統的収得の主張も承認されるのである。この本道を認めない批判は教育科学の成果への冒瀆である。

／　ただ、問題は、いうところの学習の具体的な実践の場が、果して真実の自主的学習たりえているかどうかの点にある。一体、問題解決的学習の具体的姿はどういうものでなければならないのか相互理解がないところに問題があるのである[8]。

その上で、渡辺唯雄校長は、「問題解決学習がその本領を発揮するのは」、「展開の段階」であるとし、「問題把握の指導」、「集団思考とその指導」、につゞいて、「展開とその指導」の体系を、次の4つに分けて、「展開段階の指導要諦」とし、具体的に説いています。

すなわち、(1)　仮設の確認と把持　(2)　資料の蒐集検討と仮設の検証　(3)　結論の構成と要点把握　(4)　統合系統化──です。

さらに、渡辺唯雄校長は、この体系の到達点である(4)が、「教師本位の、一斉的な詰込み教授・暗記学習」、あるいは、「問題解決的単元学習」への「対立的概念」として、「結果主義」「能率主義」であることを認めつゝ、それを「包摂する観念」として、「真実の仕事学習においてこそ、却ってみのり豊かな」成果が期待できる、としています。この「対立的概念」を、二律背反の論争から実践の場で「統合」しようとする営為は、注目に値するものでありました。

3．「体験的な学習」、「問題解決的な学習」

2002（平成14）年4月1日から施行された「学習指導要領」では、第Ⅰ章第4「総合的な学習の時間の取り扱い」の「5」において、「体験的な学習、問題解決的な学習を積極的に取り入れる」「配慮」を、求めています。そこには、「自然体験」「ボランティア活動」や「ものづくり」「生産活動」といった範囲や例が、示されています。この理念・目標・内容・方法は、どのように実践され始めているのでしょうか。その去就は、現代「教育改革」のバロメーターです。

その出発点で、徳島県小松島市立立江中学校の久保修校長は、次の趣旨の提起をしました[9]。

(1)　最大の特徴は、学習内容を生徒自身が選ぶ。
(2)　情報収集の方法も生徒自身が決める。
(3)　地域社会の一員としての自覚を強くする。

すなわち、「学習とは教えられるものではなく、自らの力で獲得するものであるという学習観を養う」ことを、目標としています。その上で、久保修校長は、4つの「課題」を強調します。

(1)　学習の場を、地域住民、保護者の協力組織により、どう広げるか。
(2)　「学習指導要領」における「学校裁量」の幅を、既存の教科よりも大幅に、どう広げるか。
(3)　教師の創意工夫を促し、意識の変革にどうつなぐか。
(4)　授業時間数での柔軟な対応が、できるか。

こゝには、かつて「新教育」の曲がり角で、山口大学教育学部附属防府中学校が、「仕事学習」「問題把握」をキーワードに、「問題解決的単元学習」に血路を拓こうとした営為に、通底する要点が、いくつも見てとれます。中でも、中核をなす理念は、「生徒自身」にあり、さらには、後者では、「学習の場」を初めとする4つの「課題」が、前者での「統合」の方向を、さらに具体的に示してくれています。私たちは、この「課題」に挑もうとしているでしょうか。

4．国語科における「問題解決的な学習」

私たちの学習者は、自らの具体的な生活実感に即して、学習（教）材のことばに共鳴したり、疑問を感じたり、反発したりするところから、出発しようとしています。これは、知識や社会的な経験を踏まえた独自の「理解」には、至っているとは言えません。しかし、この素朴な力をまずは認め、それをこそ糸口にして、より豊かな思考力・認識力・創造力を、育みたいものです。

そこには、積極的に理想を求めたい気持ちと、そうはわかっていても、一歩を踏み出せない自己とが、共存しています。その後者、すなわち、正

直に意識されている自らの「弱点」をこそ直視して、そこに自らのアイデンティティを発見し、それと対決しつゞけることのできる力をこそ、育みたいものです。こゝから目を逸らすとき、私たち指導者は、学習の場を疎外してしまいます。

次には、そこにどのような普遍的な問題点や課題やが潜在しているのかを、集団学習の場でこそ、お互いに揺さぶり合って、発見していく。この実践の成果にこそ、学ぶことのおもしろさを自覚し合いたいものです。すなわち、自己学習力による自己変革を達成できる力への道です。

さらには、その「学力」を一層深化発展させるために、適切な学習（教）材を、学習者自らが求め獲得して、集団の中で活かすことができる。この力が、求められます。この力がついてこそ、学習者主体の「単元学習」が、目指されていきます。新たな課題の設定力や情報の蒐集力、さらには、問題解決力、独自の表現力をも、育みたいものです。

すなわち、私たち指導者は、このような授業を構想する力を、次のように求められています。

(1) 状況における学習者の特徴を捉え、揺さぶり、その独自性と対決させる場を、保障する。
(2) そこに課題を発見させ、「独自性」を相対化させるべく、開発学習（教）材で揺さ振る。
(3) 学習者の学習過程での表現に密着して、開発した学習（教）材の体系を、展望していく。
(4) 学習者が、課題解決力を自覚し、自己変革の喜びを確認できる場を、ことばで工夫する。

おわりに

「自主的仕事学習」は、「新教育」出発における理念と、積年の実践を通しての新たな課題との統合を求めて、外からの旧弊な「学力」観をも超克しようとしてきました。その崩さない立脚点と柔軟な対応策とは、「総

合」を求める今日の「単元学習」に、厳しく豊かな指標を与えます。

第4節　「集団思考」は、どのように求められたか

はじめに

　具体的な発問の場1つを捉えてみても、40名の学習者が、みなそのことばを求心力として、心を活動させているか。えてして、指導者とたまたま指名された1人の学習者との「つぶやき」合いになり下がりがちではないでしょうか。「集団思考」は、学校教育の基盤であるはずです。

　1．「もっとたくさんのことを」

詩人石垣りんが、「子供」と題して、次のように歌っています[10]。
　○　子供。／　お前はいまちいさいのではない。／　私から遠い距離にある　／　ということなのだ。／／　目に近いお前の存在、／　けれど何というはるかな姿だろう。／／　視野というものを　／　もっと違った形で信じることが出来たならば　／　ちいさくうつるお前の姿から　／　私たちはもっとたくさんなことを　／　読みとるに違いない。(中略)
1人ひとりの子どもを、このような「視野」で「読みとる」ことができたら、そして、子どもたち同士が、このような「視野」をお互いに持って、学習し合うことができたら、どんなに豊かな「集団思考」の場が、創造されることでしょう。
　さらに、石垣りんは、5連目からに及んで、次のように歌い上げています。
　○　子供。／　お前と私の間に　／　どんな淵があるか、／　どんな火が燃え上がろうとしているか。／　もし目に見ることができたら。／

／　私たちは今　／　あまい顔をして　／　オイデオイデなどするひまに　／　も少しましなことを　／　お前たちのためにしているに違いない。／／　差しのべた私の手が　／　長く長くどこまでも延びて　／　抱きかかえるこのかなしみの重さ。

　私たち指導者も、学習者との「間」の「淵」や「火」を、何とか「目に見ること」を、まずはしたいものです。「も少しましなことを」と、念じつゞけたいものです。万が一「かなしみの重たさ」に心弱りすることがあったとしても、この「視野」を持ちつゞけなければなりません。

　さらには、この「視野」によって捉えられた40名に潜む「もっとたくさんなこと」を、「集団思考」の場で対等に位置づけ、「もっと価値深いこと」への気づきへと、発展させたいものです。学習者たちは、「かなしみの重たさ」を握りしめた指導者の「視野」をこそ、求めています。

2．「集団思考力養成の立場」

　山口大学教育学部附属防府中学校は、1957（昭和32）年11月、「自主的仕事学習」の理論的・実践的検討をさらに積み重ね、『集団思考による学習指導　自主的仕事学習の方法の探求　第三次発表』なる「報告書」を発表しました[11]。中で、国語研究部会による「国語科における集団思考指導の実際」の「Ⅰ　国語科学習指導における集団思考の意義」（「資料編」第Ⅵ章第4節【資料6】参照）では、「5　集団思考力養成の立場から」で、次のように説いています。

　○　集団思考は、学習指導からいえば目標達成（問題解決）のための一つの方法であるが、また民主社会の建設、自主的「仕事学習」の推進という立場からは一つの目標でもあり得る。手段であると同時に目的でもあるわけである。集団成員各自が協力して問題を把握し、協同の活動によって問題を解決していくという集団思考の技術をもち、集団思考の能力態度習慣を身につけている時、私たちの悲願とする祖国の運命を担う自主的生産人の育成も期せられるであろう。

また、「Ⅱ　国語科学習指導における集団思考の機会」の「2　書くこと（作る）の学習指導」では、たとえば、「(1)　何を書くか決める。そしてその目標をはっきりつかむ。」の項で、
- 生徒の生活現実から表現意欲にかられ、また必要に迫られて書く。
- 前単元や他の単元の発展として、問題意識の発展として書く。
- 教師から課題されて（ママ）書く。

など、詳細に列挙した上で、次のようにまとめています。
　○　ともあれこの段階で何を書くのかの題材の決定が個人の自由作文でない限り、集団思考による場合が多いことに着目すべきである。ことに価値ある題材の選択決定の場合は決定的であるといえる。

「集団思考力養成の立場」は、このように各領域に亘って、貫かれていきました。

3．「思考していく型と流れ」

野地潤家博士は、つとに国語科教育における「思考力」の問題を、たとえば「書きあらわすことの領域」において、次のように喝破していられます。
　○　1取材から4推考・評価に至る書くことの過程は、基本的には、書くことによる問題解決過程と見られ、書こうとする主題（トピック）を決め、材料を集め、構想をたて、記述し、推考して、まとめ、さらに自他の評価を行なう。――これらの過程は、自己のことばで考え、書きあらわしていくことによる、問題解決過程そのものといってよい。いつもとりあげた問題が明快に解決され、確かな結論へと導かれるとはかぎらない。けれども、思考していく型と流れとは、まさに問題の提起、資料の収集、仮説の設定、推理、論証、問題の解決へという、問題解決のそれである[12]。

こゝには、「書くこと」の過程を通して、思考力がどのように厳しく「問題解決」へと指導されていかねばならないかが、説かれています。私たち

は、学んで、この過程の中のどの段階においても、「思考していく型と流れ」の構築に、努めなければなりません。

中でも、「自他の評価」を的確に行なうことが保障された「集団思考」の場は、どのように構築されればよいのでしょうか。野地潤家博士は、「思考力の問題は、国語学習の体質改善として、国語科の根本問題につながっている」とも、説いていられます。「自他の評価」の目下の「体質」を、まずはどのように反省すべきかが、日々問われています。

⑴　ことばによる他者の表現に、きゝひたり、沈黙を共有できているか。
⑵　その表現の中の焦点の1語は、きゝわけられたか。
⑶　それを軸にして、他者の考えは、どのように理解できたか。
⑷　その考えの良さは、どこにあるのか。
⑸　その考えの納得できない点は、どこにあるのか。
⑹　⑷と⑸とを統合して、自他の考えを1歩前進させることができるか。

私は、自他の以上の揺さぶり合いの中で、この教えを学習指導に生かそうとしています。

4．「論述」への「集団思考」

私の「日本語表現法」後期の目標は、各学習者が、新聞記事の中からまず1つの事実を捉えるところから、始まります。以下、その2時限に亘る学習指導内容の骨子を、示してみましょう。

【課題Ⅰ】　中心資料で捉えた「事実」を紹介し、受けて、そこに発見した「問題点」をも、説明しなさい。

⑴　「事実」の紹介（100字）
⑵　相互批評
　1．「書き出し」の第一文について　2．「中心文」が、はっきりしているか。3．焦点の「一語」は、何と受け止めたか。また、それは、適切に位置づけられているか。
⑶　この「批評」を受けて、どのように推敲するか。（100字）

⑷　踏まえて、この「事実」に、どのような「問題点」を発見したか。（100字）

⑸　こゝまでの段階で、1．どのような「課題」（疑問文）と、2．「題目」とを見通すことになったか。

【課題Ⅱ】　「事実」の焦点化、「問題点」の確認、「課題」の設定——の三点を再検討し合い、「課題」の方向に、次の手順で揺さぶりをかけなさい。

⑴　【課題Ⅰ】での推敲の結果到達した「事実」の紹介の中には、どのような要素があったか。列挙した上で、それらの関係について説明しなさい。1．列挙　2．説明

⑵　相互批評——「列挙」された要素は、「紹介」の中に入っているか。その相互の関係は、それでよいか。

⑶　それらの「要素」の中で、どれに焦点を合わせたのか。また、その理由は、何か。1．要素　2．理由

⑷　その「事実」の中のその「要素」には、考えるべきどのような「問題点」があるのか。また、それについてのあなたの「見解」をも、説明しなさい。1．説明　2．見解

⑸　相互批評——「問題点」・「見解」両者の関係は、妥当か。「問題点」には、他の可能性はないか。

⑹　以上の「焦点化」、「確認」を経て、改めて「課題」を設定しなさい。（疑問文）

⑺　相互批評——この「課題」文（疑問文）を、添削し合いなさい。

⑻　こゝまで整理し合ってきて、これからの論述の方向につき、考えるところを確認しなさい。

このようにして、学習者は、この過程を全体へも口頭発表しながら、その「論述」の糸口と目標とを、「集団思考」の中で、確かなものにしていくのでした。

おわりに

　「集団思考」が、「問題解決学習」にとって、すなわち、今本気で求められているはずの「総合」を目指す学習指導には、必須の条件であることは、誰しもが認めるところです。しかし、「グループ学習」1つとっても、その理念と実際との間の溝は、原点からの再吟味を、求めています。

結語

　「新教育」の出発期に、当時国民学校の2年生であった私は、時に、60名を超す学級での学習を経験しました。新制高校5期の頃も、50余名、普通科・商業科生一体の学級での学習でした。この状況は、高等学校国語科の教員になった1960年代も、変わりありませんでした。今日、40名学級が、さらに30名学級へと求められていることと比べますと、昔日の感があります。
　しかし、本質は、その変革を否定するという意味ではなくて、数字にあるのではないことは、申すまでもありません。さまざまな個性からなる集団の存在そのものの意義をこそ、尊重する。この原則に背を向けるとするならば、それは、数字にのみ安易に寄りかかった発想と言うしかありません。実践が理念をどの方向から突き動かすかが、目下の焦点ではないでしょうか。
　山口県での「新教育」実践は、その原点としてきた「民主教育」を握り締めながらも、歴史的な変動の中での新たな困難に立ち向かいながら、「問題把握」力に、まずは焦点を絞って、「評価」の実態に、改めてメスを入れようとしてきました。「評価」の問題については、今や、到達点にのみ固執した「評定」への反省は、一見自明のこととされてはいます。しかし、学習指導の過程において、こまめに「評価」を重ねていく方法や内容に関

しては、「マニュアル」を求めこそすれ、具体的な実践の中から、「各学校」「各地域」「各指導者（集団）」による「創意工夫」は、着実になされているとは、言い難いでしょう。

「集団思考」は、まさしくこの「評価」に生きなければなりません。それは、指導者から学習者へのそればかりではなく、両者間のさまざまな組み合わせにおいて、「理解」し合い、1歩先を示し合うことによって、初めて「集団」そのものが、1人ひとりとともに前進する姿でなければなりません。揺さぶり合ってこそ、1人だけでは達成できなかった「問題解決」を、感動とともに可能にすることこそ、「集団思考」が持つ力と言えましょう。指導者集団も、この「集団思考」の実態について、改めて「集団」で吟味・反省・展開することが、求められています。

注
1）根岸泉「『新学力観』に困惑する学校」朝日新聞「声」欄　1994（平成6）年2月1日　朝刊
2）海後宗臣『新教育の進路』1951（昭和26）年2月20日　明治図書刊
3）伊藤治英「臨床医の心得」"Fisherの17箇条"『山口医学』第45巻第2号　1996（平成8）年8月4日刊
4）糟谷正彦「教員養成　少数精鋭主義で計画的に」2004（平成16）年10月2日　朝日新聞朝刊
5）広島大学教育学部附属小学校教育研究会著『学習評価の実際』1953（昭和28）年11月20日刊
6）拙著『高等学校　私の国語教室——主題単元学習の構築——』1988（昭和63）年6月30日　右文書院刊
7）拙著『生きる力に培う「主題」単元学習』浜本純逸編「国語科新単元学習による授業改革⑨」1999（平成11）年4月　明治図書刊
8）『自主的仕事学習の「展開」とその指導　第四次発表』山口大学教育学部付属（ママ）防府中学校『研究報告書』12号　1958（昭和33）年10月24日刊
9）久保修「『総合的な学習』を改革の柱に」1997（平成9）年10月30日「論壇」朝日新聞朝刊
10）石垣りん「子供」『石垣りん詩集』現代詩文庫　46　1971（昭和56）年12月25日　思潮社刊
11）『集団思考による学習指導　自主的仕事学習の方法の探求　第三次発表』山口大学教育学部付属（ママ）防府中学校『研究報告書』11号　1957（昭和32）年11月

16日刊
12）野地潤家『国語教育原論』1975（昭和50）年6月10日　共文社刊

終章　「新教育」は、捨て石だったのか

　「新教育」での真摯な実践営為が、その「理念」への確信にも関わらず、困難な壁にぶつかりつゞけざるを得なかったのには、外からの理不尽な圧力や、それに引きずられた「世論」のありかたがありました。しかし、いちばんの問題は、その実践における「理念」が、学習指導目標として、十分に機能していなかったことにありました。山口県下関市桜山小学校の先学による実践の成果は、一方では、その点を明らかにしたことでした。(「本文編」・「資料編」終章第1節参照)

　すなわち、「理念」を血肉とした上で、観念止まりを超えて、学習者の現実を、どのような目標へ向かって、自信をもって揺さぶりつゞけることができるかが、問題でした。現実の困難な状況の中で、具体的な問題意識を秘めて生きぬこうとしている学習者に、そして、何よりも、指導者（集団）自身が、その「問題」を解決するための確たる「課題」を、学習指導目標として設定できているかが、問われるのです。「知識・技能」での到達点でのみよしとはしない。それは、観念としては、理解されてはいるでしょう。しかし、それならば、それを超克したどのような「価値」目標を設定できるのか。その確かさと鋭さと豊かさとが、今日同様、求められていました。

　私は、「主題単元学習」を構築し、その実践による検証に努めています。(「本文編」序章・本編序章参照) 今、改めて、その意味での「主題」により、学習指導の流れやまとまりを統合する実践を、さらに深化させねばならない、と考えています。今日の状況の中では、児童生徒の言語生活は、さまざまな角度から、その確かさや豊かさが、疎外されていることは、認めざるをえません。そうであるからこそ、その実態を理解して、その一歩先へと、どのような「価値」ある未来を指向し合うのかが、厳しく問われ

ているに違いありません。「指導目標」の再吟味が、求められます。
　このとき、「新教育」での先学の実践が、一瞥もなく歴史の彼方へと忘れ去られてしまってはなりません。その熱意を受け止め、かつその轍を踏まない学びが、求められています。

第1節　壁は、どこにあったのか

はじめに

　今日、「総合的な学習の時間」は、その「配慮」すべき「学習活動」として、たとえば、「ボランティア活動」などの「社会的体験」を求めています。この「配慮」が、確かで豊かな「問題解決学習」に結実するためには、実践の側にすぐさま迫る「壁」を、どう超克すべきでしょうか。

　1．「雪崩のとき」

　詩人石垣りんは、1951（昭和26）年1月、「雪崩のとき」と題して、こう歌っています。
　○　人は　／　その時が来たのだ、という　／／　雪崩のおこるのは　／　雪崩の季節がきたため、と。／／　武器を捨てた頃の　／　あの永世の誓いや心の平静　／　世界の国々の権力や争いをそとにした　／　つつましい民族の冬ごもりは　／　色々な不自由があっても　／　また良いものであった。／／　平和　／　永遠の平和　／　平和一色の銀世界　／　そうだ、平和という言葉が　／　この狭くなった日本の国土に　／　粉雪のように舞い　／　どっさり降り積もっていた。
　　（後略）[1]
この「ほっとする」日々も、「過ぎてみれば束の間で」、「"すべてがそうなってきたのだから　／　仕方がない"というひとつの言葉が」、「雪崩」

となって「落ちてくる」、と歌い上げています。「新教育」が、すでに批判の対象となり、翌年には、「学習指導要領」の改訂が、行なわれようとしていたときのことです。石垣りんの思いは、すでに「野心や、いつわりや／　欲望の芽がかくされてい」るのを、鋭くき、分けてのことです。

　「新教育」が目指した経験主義に基づく「単元学習」に対する批判には、このような状況と機を一にするものがありました。それは、「基礎学力」論を中心に、戦前戦中の旧弊な尺度からの揶揄に等しいものでした。知識や技能を突き抜けて、民主国家建設の担い手として問題解決力としての「学力」を保障する教育へのまっとうな理解を、欠いた立場からのものでした。もちろん、実践の側には、その責任において正されねばならない指導の内容・目標・方法への未熟さは、ありましたが、それゆえに、「新教育」が拠って立つ理念もが、否定され始めていたのです。

　石垣りんの言う「雪崩」を、先学たちは、その「壁」を、どのように確認し、どう予見し、どう対処していったのでしょうか。それは、今日、どう評価されるのでしょうか。

2．「僅かばかりの新しい建設」

　1948（昭和23）年、『国語と国文学』が、その4月特輯号で、「国文学と国語教育」を論じています。中で、堀田要治氏は、「中学校に於ける国語教育」と題して、「現場報告」を行なっています。「中学校」が、旧制中学校と新制高等学校との重なりの現実を持っていたときのことです。堀田要治氏は、その「結び」で、「共同学習の花形であるグループ学習」について、次の諸点を強調しています。「新教育」が出発して間もなくの「現場」の問題点が、示されています[2]。

　(1)　完備した図書室の必要なこと　(2)　図書室での生徒の読書の生態的（ママ）指導の役目　(3)　教師自身の会合での民主的運営への熟練——すなわち、「国語教師の備うべき資格として、組合運動に熱心なことと図書館運営に堪能なこと」であるとしています。こゝでは、決してイデオロギー

の問題としてではなく、「民主主義」の根基としての理念が、問われています。また、今日、「情報化社会」と言い条、「学校図書館」が、「司書教諭」問題1つとっても、この当時から1歩も前進していない現実を省みるとき、「共同学習」(「集団思考」)の基盤として、大事な視点を、今に向かって発しつゞけているのではないでしょうか。

　また、同じ『国語と国文学』は、1956 (昭和26) 年にも、その7月特輯増大号で、「戦後の国語教育の反省と批判」を論じています。中で、先の堀田要治氏は、「国語科単元学習の反省」と題して、高等学校の場合の問題点を、具体的に指摘しています。

　一、単元学習でなければならぬといった強い信念に達していないこと。
　二、単元学習の必然性にめざめた者の前に横って (ママ) その実行をさ
　　またげているもの
　　　A　教師の指導力の不足　B　大学入試　C　単元学習指導案例のと
　　りあげる範囲が大きい　D　経験学習では、経験の能力差により、個
　　人指導が必要だが、教員数から至難　E　生徒は、問題解決を、すぐ
　　に書物にたよる

　その上で、堀田要治氏は、「自ら破壊した多くのものゝあとに、僅かばかりの新しい建設が見られる」「過渡期」が、「基礎学力」や「読解力」等々の面から批判されることに対して、「その責任を今直ちに単元学習及びそれが代表する新教育に帰するのは酷」だとし、「自ら誤りと考えて自分の手で破壊したところへ二度と帰るものはいまい」、と喝破しています。

3．「言語」・「総合」・「集団」

　「新教育」の受容が、さまざまな困難を露呈していた中で、その根本には、その理念である「経験主義」の教育観への理解と、地に足のついた実践力とに、「現場の教師」には「相当な困難があった」、と指摘されています[3]。先学のこの営為の実情に学び、私たちは、今日どのような問題点を見据えて、1つひとつ、指導者集団としての共通認識のもとに、進むべき

でしょうか。

　まず、「経験」を必須とする「言語」観の問題があります。それは、たとえ「用具」観において「基礎学力」の一部に位置づけるにしても、その目標としては、「内言領域」[4]に及んでの認識に基づいてこそ、意義があるというものです。それを可能にするのは、学習指導目標を、状況の中での止むに止まれぬ課題を見据えた「価値」に置いているかどうかが、問われます。

　また、先学たちが、「用具」として位置づけながらも、「中心」に目配りしながら、「言語」そのものと他の「経験」との関連に、自在な体系化を試みた点にも、学ぶべきでしょう。「関連」や「総合」の発想の当否を改めて吟味するための視点となることでしょう。

　さらには、そのような広がりの中でこそ、「集団思考」による「問題解決」が、求められてくるという点です。異質の「価値」がぶつかり合うことによってのみ、それは、二者択一では決してなくて、お互いが深まり高まり合うことのできる最善の方法である、との確信を、指導者集団が日々の共同討議の中で、実践的に錬磨できていくかどうかに、かかっていましょう。

　「新教育」実践における「壁」は、先に堀田要治氏が指摘したように、その存在が厚かったればこそ、「僅かばかりの新しい建設」を可能にしてきたのでした。その意味で、今日、学ぶべきは、「壁」ゆえに、「破壊したところへ」「帰る」ことへの戒めとなっている点でしょう。これに応えるためには、「言語」・「総合」・「集団」の３つの柱に即して、今日の実情を直視した視点から、「新教育」の先学たちが格闘した「壁」の意義を、噛み締め直したいものです。

4．「読み取る」と「察する」と

　私の「国語科教育法」の「模擬授業」でのことです。向田邦子の『字のない葉書』[5]が、学習（教）材となりました。指導者役のＢさんは、中で、

「『文面』」という括弧つきの1語の表現に、徹底的に焦点を合わせて、学習指導を展開していきました。その1場面のことです。

　《発問》　「文面」ということばを使って、具体的な文を作ってみましょう。
　［反応］　(a)　文面から、彼女のやさしさが伝わってくる。
　　　　　　(b)　文面から、作者の心情を読み取る。
　　　　　　(c)　文面から察するに、母は几帳面である。
　　　　　　(d)　文面が、穏やかである。
　《発問》　この四つの例の中で、他の三つと違う例は、どれだと考えますか。（班別討議）
　［反応］　（一つの班が(c)。他は、すべて(d)。）

全体での討議に移って、問題は、「読み取る」と「察する」との違いに絞り込まれ、その上で、「妹」の「文面」には、なぜ括弧がつけられているのかに、引き戻されたことでした。
　すると、次のような発言が、出ました。
　Ｃ　一般的には、「○」一個を「文面」とは言わない。こゝでは、「妹」の「○」から、その心情を読み取ることができたから。
　Ｄ　「文面」は、普通文字や文章である。「妹」の「葉書」は、「○」とか「×」の記号だけで、家族にとっては、「妹」の心情を、察することができているから。

こゝに至って、Ｃさんは、「読み取る」を、Ｄさんは、「察する」を、使いました。それぞれの表現は、「妹」の心情をどのように捉えたことになるのでしょうか。1語を突き抜けて、学習は、知識や技能の彼方へと、「価値」を求めて、関心や意欲や態度をも、深め高めたことでした。

　おわりに

　「壁」は、どこにあったのか、と省みるとき、国語（科）単元学習では、「ことばを通す」場を、どのように具体的に保障するか、その上で、「通

し」たればこそ、1人ひとりが、自己変革の感動を確認できるか、この学習活動の実質にこそ、内なる「壁」が潜む、と言えましょう。

第2節　「統合」の精神は、なぜ貫かれなかったのか

はじめに

山口県下の「新教育」の去就は、山口大学教育学部附属防府中学校の「自主的仕事学習」に、その典型を見ることができます。(「本文編」終章第2節参照) こゝでは、目標の抽象止まりと発問の恣意性が、「統合」の現実を、形骸化させていきました。どこに問題があったのでしょうか。

1．「私の受けた国語教育」

私の「国語科教育法」の学習者たちは、「私の受けた国語教育」を、こう振り返っています。

A　中学時代受けた国語の授業は、一つの作品に対し、みんなでひたすら意見をぶつけ合い、そして最後に個々でまとめたものを仕上げて提出する、という形のものであった。小学校を卒業して、中学校に入るまでは、読書というものを全くと言っていいほどしなかった自分も、この体験から、自分から進んで、本を読むようになった。つまり、ことばというものを考えはじめた。しかし、高校においては、先生の一方的な授業で、自分達で考えるというものはなく、さびしい思いをした。

B　高校時代の国語では、古文で、文法を重視した授業だったので、それでいて得意ではなかったので、徐々にわからなくなっていった。それが重荷になり国語が嫌いになっていった。動詞の文法テストで追試をあわせると12回もうけました。最初はめんどうでしたが、危機感を

感じ、12回目で合格しました。古文をよんでも、何なのかわからなかった私が、なんとか流れだけはなんとなくつかめるようになりました。

こゝには、わが国の国語（科）教育が、なおなお抱えつゞけている問題が、鮮明に描き出されています。Aさんが、「ひたすら意見をぶつけ合い」、「個々でまとめたものを仕上げ」、「自分、から進んで、本をよむ」へと展開していく学習過程は、意欲をかきたてられる場の連続であったことでしょう。しかし、ひきつゞく「高校」での「一方的な授業」が、「さびしい思い」を、Aさんに強いつゞけたさまには、胸が痛みます。それは、Bさんが、健気にも、「危機感を感じ」て、「何とか流れだけは」へと到達していくさまにも、直結しています。

「生きぬく力」は、「統合」力を求めます。2人の学習者が、その「生きぬく」心と抜き差しならない接点を確かめることのできる「統合」された学習指導を、目指したいものです。

2．「思想がない」

倉澤栄吉博士は、「国語教育論には思想がない」と、次のように指摘していられます。
○　国語教育論には思想がないといわれる。思想は個性や人格から生まれ、多くの人に共鳴を呼んだときに自立してくるものである。淵源は、人間の、発想するものの脳髄にある。国語教育では、その事にあたる実践家も、その実践を対象とする研究者も、自立の精神に乏しい。個性が平均化されて、誰でもどこでも行っているものという受けとめられ方をされてしまう。教科書に頼る。教材にべったりとついている。学習指導要領に主体性をあずけてしまう。この種の因由から来る没個性が思想の形成を妨げているのである。国語教育論の中に優位を占めるのは、「技術論」であって、思想の支えを持たない「教え方の理屈」が大むこうに受けるのである。この体質を洗いなおすことなくして国語教師に未来はない[6]。

「個性が平均化され」たのでは、「思想の形成を妨げ」ることになります。「自立の精神に乏しい」ところでは、「教え方の理屈」が横行するばかりです。先の「私の受けた国語教育」を省みるとき、煎じ詰めれば、こゝに指摘されている「思想」を、どのように「自立の精神」としてのそれを、握り締めるかでしょう。これは、いわゆる「イデオロギー」などという常套語で一蹴されるようなものではありません。状況、すなわち、歴史としくみの交わる点に、指導者自身が、学習者と自らとを、どのように位置づけるかに、かゝっています。

世は、「情報化社会」のひとり歩きの中で、絶望を誘いがちな状況を、さらに闇雲の中に突き進めさせています。「実践家」も「研究者」も、「自立の精神」を探究するほどに、せつなくもたまらない「壁」にぶつかります。しかし、この「壁」にぶつかるときの実感を避けて、「教え方の理屈」や「マニュアル」をのみ求めるとすれば、それは、直ちに「思想がない」「国語教育論」に加担し、学習者に「重荷」や「さびしい思い」ばかりを強いるでしょう。「統合」の国語（科）教育には、この「思想」に支えられた「価値」ある学習指導目標が、求められています。

3．「機能的作文」指導

1951（昭和26）年5月に出された雑誌『実践国語』は、「国語学習指導の展開」を特集しています。中で、当時の福岡学芸大学附属中学校の笠文七氏による、「中学校の手紙の指導」の実践報告が、あります。こゝには、「生徒のなまのことばを資料とし」た「機能的」な「指導」過程の具体的な実際が紹介され、「新教育」実践上の「統合」の精神が、如実に示されています。

　○　手紙やハガキの指導といいますと、実際のハガキや便箋などを用意して、それに書かせてポストに入れさせる。これが常識になっております。そうすると生徒は一所懸命にやる。働く所の手紙教育の場に即して具体的の力をつけて行かねばならぬ。即ち機能的のものでなけれ

ばならない。大ていこう説かれているようであります。一体ここで「書かせてポストに入れる」だけで終ってよいものでしょうか。なすことによって学ぶということばはいろんな機会に聞きました。しかし「ポストに投入する」だけでもって手紙の指導終りでは少々心細いのです。一体それらの手紙やハガキの内容は満足すべきものでしょうか。いろいろな形式作法は完全といえましょうか。一人一人の作品を検閲してやることは不可能に近いでしょう。(中略)結局指導者である私が受信者になるより他に指導の途がないように思われます[7]。

笠文七氏は、「夏休みの殆ど毎日その返事を書き続け」、「遠く離れ、いながらにして生徒個々に対する、生きた国語の指導が(勿論その一部であっても)出来ることの楽しさはまた格別」であった、と述懐しています。そこには、学習者たちの伸びやかな「手紙」が紹介されていて、さらに、それぞれに応えての指導者のこまやかな「返事」も、示されています。

そこには、「機能的作文」であろうとする指導者のこまやかな「返事」も、示されています。すなわち、基本的には、まずその良さを具体的に捉えては指摘し、さらには、たとえば、切手の不足に至るまで、1人ひとりに心から対応しています。心のこもった「機能的作文」指導です。

4．1語を通して

作家内海隆一郎の作品に、『小さな手袋』があります。武蔵野の雑木林の中に、教会が経営する病院がありました。そこに入院している「おばあちゃん」(宮下さん)と1人の少女シホちゃんとのゆかしい心の交流を描いた珠玉のような作品です。その結末近くには、「痴呆」が進んで、以前住んでいた「大連」に今もいるとばかり思っている「おばあちゃん」のことを、次のようにシホちゃんに語る修道女のことばが、重い意味をもって据えられています。

○　「そう。宮下さんは、もう大連へ帰ってしまったんですよ。昔の大連にね。」[8]

私の「国語科教育法」「模擬授業」の指導者役のTさんは、この中の1語「もう」に焦点を合わせて、次のように学習指導を展開していきました。
《発問》1．この修道女のことばの中には、「副詞」が1つあります。どれですか。
《発問》2．「副詞」って、どのような役割をする語ですか。
《発問》3．「もう」の代わりに、(1) また (2) きっと (3) やはり——を入れたら、どうなりますか。

こゝで、学習者たちは、基礎的な学力を確認することを通して、その活動が、すなわち次のような「理解」の深化へと向かい合うことになりました。こんな発言を、誘ったのです。
○　シホちゃんの心の中には、今、昔の「おばあちゃん」があります。
　　会ったら、どうなるか。現実の「おばあちゃん」になってしまいます。
指導者は、こゝで、もう1度、先の(1)・(2)・(3)の「副詞」と入れ代えることによって、「もう」のこゝでの独自の意味を、炙りだすことにしました。「もう」の1語を通して、一般的な意味としては何でもなく思われる表現に、この作品独自の「価値」を発見させることになったのです。「ことばを通して生きぬく力」をつけることの実際は、このようにして工夫されたのです。

おわりに

「自主的仕事学習」の国語科における実践「読解と文法」は、「読解指導即文法指導」を追究しました。(「資料編」終章第2節【資料9】参照) その「読解の層と能力」の論のうち、「読むことを通して自己を深めることができる」の実際は、改めて吟味し、学習指導目標・内容・方法の改革を、求めています。

第3節　「分化」の弊に、「綜合」の糸口をつかむ

はじめに

「新教育」は、「経験の組織化」と「原理の経験化」との「綜合」を求めつゝも、現実には、「原理の組織化」即「分化」の弊をもたらすことに、なっていきました。しかし、現実は、その弊と格闘するところにしか、ありません。どこを改善して、「綜合」への実を上げるかでした。

1．2つの「分化」

「分化」には、2つの方向があります。今日の「情報化社会」混迷のネックには、自然科学への過信からくる「分析」一辺倒の原則が、あります。その範囲でしか通用しないはずのルールが、そこから導き出されるやいなや、あらゆるものに適用されて、例外や「人間味」を排除しつゞけていく場合です。本来、この「分化」は、人間を「自然」の外に置いて対象化し、机上の舞台で、「自然」に演技をさせる方法です。そこでは、人間は、たゞ観客席にいて、それを観察・分析・鑑賞する立場をとるばかりです。そこから看取される客観や論理や普遍やは、一定の範囲でしか、実は有効ではないのです。そこから生まれた系統性や体系性の限界を、知らねばなりません。

一方、同じ「情報化社会」の「発展」の中では、「グローバリゼーション」が極度に進んでいます。先の「分化」の中から導き出された「普遍性」に基づくルールが、あらゆる分野に当てはめられようとするとき、当然、それに従うことのできない「人間味」側が求める「分化」が、あります。どのように小さく、どのように古めかしく見えても、それの今を必然的にそう存在させている歴史や文化、とりわけ言語の伝統は、その民族、その

国家、その地域にとっては、かけがえのないものであるはずです。この方向での「分化」は、現代の混迷の中でこそ、見据え直されねばなりません。「分化」と「綜合」の関係は、この視点から吟味し直さなければなりません。

しかし、現実には、前者の「分化」が、「原理の経験化」の名のもとに、「経験の組織化」の本質を歪めてきました。そこには、「社会的実践力」とは何か、の根本問題が、突き詰められないまゝに、横たわりつづけていたからです。それは、『光プラン』の先学たちが、「生活課程」と「研究課程」との、あるいは「相補」、あるいは「並進」として、両者の「綜合」を求めつゞけたことに、出発点がありました。しかし、そこでの「社会的実践力」が目指していた目標は、基本的には、外発的な系統性・体系性としての「スコープ」に、拘束されつゞけていたのでした。私たちは、「社会的実践力」が目指す「価値」ある課題を、単元学習の柱として押さえ直し、「各学校」「各地域」「創意工夫」の実を、具体的にあげねばなりません。

2．「分岐的全体者」

『光プラン』の出発点からの主導者であった益井重夫氏は、1954（昭和29）年、「新教育」大きな転換期に当たって、大きな影響を受けたアメリカの教育の根本を、こう指摘しています。

○　アメリカにおいて始めて「人間の社会」を見たように思う私は、個人の力によっていかようにも社会そのものをも修正も改造もし得るとする自信と希望に充ちた楽天主義には、多大の興味を覚えるものであるが、しかし私には、真の意味における社会的協同性の確立は、むしろ人間性は一つであるという信仰、個人個人は本来的に独立自存の絶対的存在であるのではなくて、人間性という共通の地盤の上に生かされているところの分岐的全体者であるという信念に立ってこそ、始めて可能ではないかと思われる。もしも或る行為が自己にとって有利な

る結果をもたらす限りにおいて協力関係という程度以上に出ることができないとするならば、そこに打ち立てられる倫理の根拠は、極めて脆弱なるものであろう。(中略) かく考えてくる時は、アメリカには社会生活運営の技術としての教育はあっても、言葉の高き意味における道徳教育は存在しないということさえもできはしないであろうか[9]。

　こゝには、「分化」と「綜合」の関係における現実が、実践上の未熟さからのみに止まらず、「新教育」が拠って立った「米国教育使節団報告書」(「資料編」第Ⅰ章第１節【資料14】他参照) がすでに孕み持っていた根本問題への言及があります。益井重夫氏は、さらに「彼等は自己の地平 (Horizont) (ママ) を超越することができない」とも、喝破しています。「個性の尊重」と言い、「一人ひとり」と言い、「学習者主体」とも言う「新教育」精神の根幹が、時の主導者によって、省みられてもいます。

　私たちは、現代においてこそ、「言葉の高き意味における道徳教育」の目標・内容・方法を、今日の状況の中で、外からの「道徳教育」必要論や関わっての「愛国心」論に惑わされることなく、「ことばを通して」の「価値」を見識として共有する営みを、求められています。

３．「留保の言葉」

　情報学の西垣通氏が、「デジタルとアナログ」との問題について、その「微調整がきかぬ怖さ」を、具体的な体験を糸口に、次のように指摘しています。

○　(前略) アナログの場合、多少エラーがあっても修正がきく。なぜなら、アナログパターンは自然物と同じく連続しているからである。車のハンドルを切り損なっても、ちょっと戻せばいい。だが、もし車をコンピューターで運転するなら、０が１に一カ所変わっただけで致命的な大事故が起きる可能性もある。非連続系のコワサだ[10]。

　西垣通氏は、「日本人は自然物とアナログ人工物とをうまく融合させた

文化を作ってきた」歴史に注目して、「新たなIT環境を人間のために」と、説いています。私たちは、「情報化社会」の渦のたゞ中にあって、「人間のための」「総合」とは何かを、念じつゞけねばなりません。

　また、詩人の長田弘は、「留保の言葉」という表現で、次のように指摘しています。

　○　（前略）日々の平凡さのもつ価値は、それを失ってはじめてようやく明らかになる、独特の性質をもっています。そのことは私たちの言葉のあり方に、留保をもって言葉に向き合う姿勢をうながしてきました。留保というのは、一つの言葉は一つ意味、一つの方向しかもたないのではない、ということです。言葉を走らせずに、立ちどまらせるのが、留保です。（後略）[11]

　「平凡な日常の、平凡な真実」こそは、分析主義の「成果」に支えられた効率を、拒むはずです。それが手軽に凝縮された「マニュアル」によっては、疎外されてしまう世界です。私たちは、十余年この方求めてきた「生きる力」に集約される「学力」を、このような状況認識の中で、もう1度引き据えなおさねばならないのではないでしょうか。「総合的な学習の時間」が、またぞろ「学力低下」論からの砲火を浴びるとき、確固とした「学力」観を握り締め合いたいものです。

　○　組み立てし授業の手順小気味よく崩して生徒らの言う意見よき　神野志季三江　朝日歌壇　2000年9月24日
　○　ほそほその一語を掬い板書せり授業そこより核心に入る　同　同　2003年6月2日

4．「学校生活三分割案」

　大阪府吹田市立片山小学校の澤田省三教頭が、「学校生活三分割案」を提案されています[12]。

　①　基礎内容──ひらがな、カタカナ、漢字の習熟と、そこから発展する基本文法及び四則計算の徹底など必要教科の基礎的事

　　　　　　　項に一日の三分の一。
②　応用内容——文章の問題や基礎から発展する内容を豊富に盛り込んだテキストを柔軟に使いながら思考を深めていったり、文学などについては、個人個人の思いや、普遍的解釈について児童の実態にあわせて指導していく。
③　自主活動——ゲームや学年を超えた縦割り活動など体育的内容をもったものから、芸術科目、生活科からの発展としての地域教材の掘り起こし等を中心とする。

　澤田省三教頭は、特に③については、⑴　人権の意識の上にたったディスカッションや仲間作りが基本　⑵　基本的に子ども自らが企画し運営していく　⑶　教師の子どもへの日常的な支援——への配慮を、求めています。そのもとで、①・②を午前中に、③は午後に、としています。

　さらには、この体制を実現するためには、⑴　チャイムの全廃　⑵　評価方法の検討　⑶　教科の精選——を、と説いています。現行「学習指導要領」への改訂以前の提案でした。

　こゝには、「新教育」が求めつゞけてきた理念と内容と方法とが、現代の実情のもとで、改めて具体的に提案されていました。今日、えてして、①だけが切り離されては、「基礎学力不足」の論が声高に叫ばれたり、③だけが蔓延っては、「活性化」が唱えられたりしがちな実情の中では、②をこそ保障し、そこへの階梯としての①や、そこからの展望としての③が、指導者集団の中で、吟味されなければなりません。困難な状況にあるからこそ、たとえば１つの「単元学習」でのこの体系の取り込みが可能かどうか、各学校、創意工夫の叩き台として、「新教育」における「単元学習」の出発とその去就とともに、取り組んでみたいものです。

　おわりに

　私たちは、状況こそ違え、「新教育」の曲がり角と同じ轍を踏もうとしているのではないでしょうか。教育に責任を持たせての「弊」が、厳しく

指摘されます。指導目標を失った「注入主義」や反面の「活性化」は、謙虚にそここそを直視し、まっとうな「綜合」の糸口を掴みたいものです。

第4節　内発的な探究の精神に、学ぶ

はじめに

「新教育」の歴史にも学び、国語（科）単元学習の構築に汗する実践家が、述懐しました。「進学校」では、半数が聞いていない。指導者が一方的に注入している。別の学校では、漫画を描かせて、わいわいがやがや、「活性化」と言う。何とかしたい。どうすればよいのか、と。

1．「感化」と「模倣」との区別

1916（大正5）年4月に、夏目漱石は、ある出版社に宛て、次のような書簡を書いています。
○　「文章初学者に与ふる最も緊要なる注意」といふ御質問をうけましたがちと問題が大きくて一口に申上かねるやうです。然し一番ためになるのは他の真似をしやうと力めないで出来る丈自分を表現しやうしやうと努力させる注意ではないでせうか。他から受ける感化や影響は既に自分のものですから致し方がありませんが好んで他を真似るのは文章の稽古にも何にもならないやうです自分の発達を害する許だと思ひます。従って感化と模倣の区別をよく教へてやるのも好い方法かと考へます（後略）[13]

これではいけない、と日々思い思いしながら、「模倣」の世界に埋没させられている指導者が、大勢います。非難するのではなく、そうならざるを得ないような混迷の現実が、そこには、重くのしかゝっているのです。しかし、一方では、優れた単元学習の実践家やその研究者も、確かに存在

しています。申すまでもないことです。この両者が、もっと「感化」し合う場が、要ります。

　漱石は、また、1915（大正4）年7月に、ある新聞社に宛て、次のような書簡を書いています。

○　（前略）此間或る友人が来て日本人は新しくさへあれば何でも飛びつきたがる国民だと云ひました。その通りです。然し彼等の飛び付きたがるのは輸入品に限るやうです。御手製ではどんなに好いものがあっても手を出さないから不思議です。私の友人の作ったある科学上の著書は無論全力を傾注した著述ではありませんが、科目が新しい丈に西洋人の参考になる位新しい事実だの研究だのが随分其中に含まれてゐるのです。然し夫を出版した本屋は千部刷って僅四百部しか売る事が出来なかったのです。（後略）[14]

　つまりは、外発的なものを「模倣」することに躍起になっているさまを、指摘しています。現今の学習指導も、また、内発的な営為の持続と集積の成果が、「感化」し合われるべきでしょう。

2．内発的な学習指導の場

　1952（昭和27）年8月、神戸大学の高橋省己氏は、「体系的論理的知識の説明」と「パーソナリティー全体を発展せしむる活動」の指導とのせめぎ合いの状況の中で、「問題解決的学習」として、後者が見据えるべき「根拠」とその「可能」性について、次の4点を指摘しています。すなわち「問題意識の一貫性を持たせる」ための具体的な観点です。

(1)　学習せんとする意図のある時にのみ確実な学習が行われる。（動機づけ）
(2)　場の力が子供の行動様式を左右する。（雰囲気）
(3)　問題を明確に把握すること。（問題意識の持続の原因）
(4)　問題を固持すること。（問題の方向）[15]

　これらは、「経験主義」に基づく「問題解決的学習」が、(a)　果たして

「児童生徒の共通の問題たり」えているか、(b)　「学習材料の困難さ」が無視されてはいないか、(c)　「学習時間の配当」は妥当かの、3点を踏まえた上での、(a)をさらに追究しての結論です。

　学習者の学習経過やその到達点について、具体的な「評価」(「評定」ではない)をし、1人ひとりとともに、集団としても、どこを支え、どこへと1歩先を示すかを、よく捉えているのは、他ならぬ指導者自身です。こからこそ、「動機づけ」はなされるべきでしょう。

　また、発問や課題は、集団の「場」でどのように生きて働いているかが、確かめ確かめされるべきでしょう。指名したり代表させたりした学習者と指導者との1対1の「場」止まりの連続は、「雰囲気」としての「場」をも、損なう以外の何物でもありません。

　これらが確かで豊かなものとなった上で、たとえばその1時間の目標は、そのグループ活動の目標はと、焦点のことばを見据えた上での「問題」点の「把握」が、なされねばなりません。指導者が提案するところから出発したとしても、(1)や(2)を形成する過程での刻々の吟味が、必要です。

　さらに大事なのは、その「問題」意識を、どの方向に向かって「固持」し持続していくかです。(3)についての「解決」が、小さくも1つできたとして、それは、必ずもう1歩先の新たな「問題」「解決」を求めてくるはずです。それは、必然的に単元としての連続性を、求めます。

　外から示された「マニュアル」やいわれのない「批判」に、妄動しない道筋があります。

3.「専門知とは違う切り口」

金森修氏が、「頑張れ、教養人」と題して、次のように論じています。
○　(前略)しかし、今は、知識が精緻で厳密である分、専門家は、世界を細切れにしか見ることができない。世界の小片の襞の折り目まで知り尽くしている分、それをとおくから朧気に見たときに見えてくるかも知れない、大きな裂け目や大きなうねりを、見て取ること

ができない。／ でも、そんなうねりや裂け目に気を遣い、例えば日本の文化が今後、だいたいどのような方向に流れていくのかを、総体的に予想する人。その予想に基づいて、現時点で何をしたらいいのかを述べてくれる人。そんな人が、もっといて欲しい。(後略)[16]

その上で、金森修氏は、「『教養的なもの』」が、果たして「本当に空虚で擬似的知識でしかないのか」と、後者の役割を強調し、「専門知とは違う切り口を適宜、提示することが許された社会空間」の整備を、提唱しています。その上で、後者が、「事実関係で少し間違ったことを言ったら」、前者が「的確に修正」すればよい、としています。対立関係では、さらにないのです。

「新教育」が追究してきて、その理念の中核は、新しい「指導要領」にも、引きつゞき確認されてきてはいるようです。しかし、現実の教育行政のもとで、具体的な「マニュアル」を、外発的に示されている実情の中では、どうしても、前者であるかのように見える論理が、大きな力を持ってきます。「新教育」の先学たちが、後者の確かさや豊かさにもかゝわらず、「系統性」や「体系性」の名のもとに、その営為を後退させられざるを得なかった歴史に、学ばねばなりません。

その意味で、どこまでも内発的であろうとした「新教育」の出発とその去就は、今日の「知的状況」とそれに拘束されがちな教育、わけても「問題解決的学習」を軸とする国語(科)単元学習の今が抱えている問題の原点を、如実に示してくれている、と言うべきでしょう。先学の内発的な探究の精神に、学ぶときです。足下の実践の中からの発信を、思い切ってなすべきときです。

4．私の実践

私は、「新教育」の先学たちの山口県の実践に学びながら、自らの「国語科主題単元学習」の構築とその実践に努めてきました。国民学校2年生で敗戦を迎えた私は、この間の「新教育」のもとで学びつゞけ、その転換

期に、国語（科）教育の指導者への道を、志しました。省みながら、同時に、主として山口県下の小中高校の児童生徒とともに、明日の国語（科）教育を見据えようとしています。その実践の中から、私の学習指導体系のひとこまを、提示してみましょう[17]。

◎ 主題単元「青春にとって、『自由』とは何か。──外への『自由』、内なる『自由』」──

　　2004年12月3日（金）　　13時30分～14時20分　　学習者　山口県立鹿野高等学校3年　22名

　　はじめに　　○　鹿野高校生から尾崎豊への手紙（前時の「表現」例に、私の「評言」を加えて、紹介）

一、『鞄』（注　安部公房作）の「自由」、『発車』（注　吉原幸子作）の「自由」、尾崎豊の「自由」（注　歌詞「卒業」を中心に学んでいる）

　⑴　私は嫌になるほど自由だった。（注　『鞄』の結末）
　　　問1　こんな「自由」を、手に入れたいですか。
　⑵　発とう　／　ただ　あのベルがなりやんだら　（注　『発車』の結末）
　　　問2　「あのベル」は、「なりや」むと思いますか。
　⑶　仕組まれた自由に誰も気づかずに　あがいた日々も終わる　／　この支配からの　卒業　闘いからの　卒業　（注　「卒業」の結末）
　　　問3　尾崎豊は、「卒業」して、どうなった、と思いますか。

二、「ありそうな」「自由」──橋をわたる時　　新　川　和　江

　向こう岸には　／　いい村がありそうです　／　心のやさしい人が　／　待っていてくれそうです　／　のどかに牛が啼いていて　／　れんげ畠は　／　いつでも花ざかりのようです　／／　いいことがありそうです　／　ひとりでに微笑まれてきます　／　何だか　こう／　急ぎ足になります　（『新川和江詩集』　現代詩文庫　64　思潮社刊所収）

　　　問4　「橋」をわたった主人公は、たとえば「いい村」に、辿り着いたと思いますか。

三、自分を発見する
　(1)　われという断崖を日々削りゆく海はつなつのひかりさびしき　岩元　秀　人　朝日歌壇　2001年6月10日
　　　問5　「海」に突き出た「断崖」の特徴を、説明しよう。
　(2)　生まれ変わることを海に教えられ　　内　田　真　子　二十歳・大学生　「広告特集」朝日新聞　1998年7月6日
四、落下との闘い――題　（　　　　）　黒　田　三　郎
　　　落ちてきたら　／　今度は　／　もっと高く　／　もっともっと高く　／　何度でも　／　打ち上げよう　／　美しい　／　願いごとのように　（『黒田三郎詩集』　現代詩文庫　6　思潮社刊）
　　　問6　この詩に、題をつけよう。
　おわりに　　○　挫折、絶望、それでも「理想を保ちつゞける」――破滅しないために
　　《課題》　アンネへの手紙を、書こう。

おわりに

　「新教育」実践の過程で、山口県の先学たちがぶつかった壁は、その目標や内容や方法における理念に、原因があったのではありません。状況の中で、とりわけその目標が、現実との乖離ゆえに、そのものへの批判を蒙ったからなのです。「目標」は、常に吟味しなければなりません。

結語

　山口県における「新教育」の出発とその去就に、『光プラン』を軸として、終始主導的な役割を果たしてきた山口大学教育学部附属光小学校は、1959（昭和34）年1月21日、『学習活動と授業過程――新しい学習指導法――』を著して、その第一章で、「学習指導研究」の歩みを振り返って

います。「実力養成の学習指導」、「問題解決学習」とその足跡を辿り、昭和30年代に入っての「学習活動の深化」を目指す立場から、次の諸点が、確認されています[18]。

(1) 基礎的な知識、能力、態度はできうる限り個人差に応じ、自発的学習に訴えるとともに、新しく学習せられた教材なり活動なりは既有の知識、技能、経験の系統の中にくみいれられ、全体の組織の中に有機的に位置づけられるようにする。

(2) 学習活動はすべからく問題解決的でなくてはならないが、子どもには必ずしも価値ある問題や教育的経験を選択しえないし、またそれらの正しい解決への方法や道具をもつとは言えない。

(3) 単元のねらいをはっきりさせること、換言すれば子どもをしていかに教材にとりくませるか、対象へのとりくみ方をよく検討しておく。

(4) 学習活動の深化を企図する方法の要諦は教師の人格的方法である。

こゝには、「詰込み教育」をも、「這いまわる経験学習」をも否定し、「子どもたちの眼を開いていく知性開発」即「師弟同行」の「統合的学習活動」が、なおなお求められています。この信念は、(2)において必須の理念が確認されながらも、方法即「指導助言」の適切さが、再確認されています。また、(3)における目標の明確化、さらには、(4)における「人格的方法」が、求められてもいます。「自己活動的」、「個性的」かつ「科学的」学習活動への深化の謂でした。

このように、「新教育」は、内発的な反省を重ねながら、「深化」を求めつゞけたのです。

注
1) 石垣りん「雪崩のとき」『石垣りん詩集』現代詩文庫　46　1971（昭和46）年12月25日　思潮社刊
2) 堀田要治「中学校に於ける国語教育」『国語と国文学』1948（昭和23）年4月特輯号
3) 坂口京子「占領下教育改革における経験主義国語教育の特質——『小学校国語

学習指導の手びき』を中心に──」『国語科教育』第五十一集　2002（平成14）年3月31日　全国大学国語教育学会刊
4）小川雅子「国語教育の過去・現在・未来──『学習者主体』の内実を問う──」『国語科教育』第五十集　2001（平成13）年9月30日　全国大学国語教育学会刊
5）向田邦子「字のない葉書」『眠る盃』1979（昭和54）年10月　講談社文庫
6）倉澤栄吉「国語単元学習の思想」『ことばの学び手を育てる　国語単元学習の新展開Ⅰ　理論編』1992（平成4）年8月25日　東洋館出版刊
7）笠井文七「国語指導における、ある小さな試み──中学校の手紙指導──」『実践国語』第12巻第132号　特集「国語学習指導の展開」1951（昭和26）年5月　穂波出版刊
8）内海隆一郎「小さな手袋」『人びとの忘れもの』『ふるさと文学館16』1995（平成7）年9月　ぎょうせい　所収
9）益井重夫「アメリカ教育の批判と印象（編集部による講演の要旨）」『山口教育学会々（ママ）誌』第1巻第1号　山口県教育学会　1954（昭和29）年4月15日　所収
10）西垣通「デジタルとアナログ」朝日新聞「ヒト科学21」2005（平成17）年1月20日
11）長田弘「不戦支えた『留保の言葉』」朝日新聞「私たちがいる所⑥　戦後60年から」2005（平成17）年1月14日
12）澤田省三「教育改革へ学校生活三分割案」朝日新聞「論壇」1994（平成6）年2月1日　朝刊
13）夏目漱石　1916（大正5）年5月1日発行『文章倶楽部』（新潮社刊）掲載　同年4月某日記　『漱石全集』第15巻　1976（昭和51）年2月9日　岩波書店刊　所収
14）夏目漱石　1915（大正4）年7月22日付「やまと新聞」掲載　同年7月某日記　『漱石全集』第15巻　1976（昭和51）年2月9日　岩波書店刊　所収
15）高橋省己「問題解決的学習の心理的根拠」『カリキュラム』特集「こどもの発達段階をどうとらえるか」1952（昭和27）年8月　誠文堂新社刊
16）金森修「頑張れ、教養人」「時説自論」2004（平成16）年12月5日　朝日新聞朝刊
17）この単元は、同校岩本隆行教諭の営みの中で、その1時間を分担したものである。「はじめに」と「一」の(1)(2)(3)は、前時までの学習成果を確認したものである。次時からは、岩本隆行教諭のもと、『アンネの日記』の最終箇所が、学習される予定になっていた。
18）山口大学教育学部付属（ママ）光小学校『学習活動と授業過程──あたらしい学習指導法──』1959（昭和34）年1月21日刊

〈著者紹介〉

加 藤 宏 文 （かとう・ひろふみ）

1938（昭和13）年、京都市に生まれる。
1962（昭和37）年、広島大学文学部文学科（国語学国文学専攻）卒業。
京都府立加悦谷（かやだに）高等学校、大阪府立豊中、池田両高等学校教諭を経、1990（平成2）年4月、山口大学教育学部助教授、1993（平成5）年10月、同教授、2001（平成13）年3月、同停年退官。その後、山口大学教育学部、同人文学部、福岡教育大学、北九州市立大学文学部、山口県立大学国際文化学部非常勤講師を経る。2005（平成17）年4月、宇部フロンティア大学人間社会学部児童発達学科教授、現在に至る。
著書
『高校文章表現指導の探究』1983（昭和58）年8月　渓水社刊（単著）
『源氏物語の内と外』1987（昭和62）年11月　風間書房刊（共著）
『高等学校　私の国語教室――主題単元学習の構築――』1988（昭和63）年6月　右文書院刊（単著）
『たのしくわかる高校国語Ⅰ・Ⅱの授業』1990（平成2）年9月　あゆみ出版刊（共著）
『国語単元学習の新展開　Ⅵ　高等学校編』1992（平成4）年8月　東洋館出版刊（共著）
『源氏物語作中人物論集』1993（平成5）年1月　勉誠社刊（共著）
『小学校国語科教育の研究』1993（平成5）年2月　建帛社刊（共著）
『生きる力に培う「主題」単元学習』1999（平成11）年4月　明治図書出版刊（単著）

戦後国語（科）単元学習の出発とその去就
――山口県における実践営為を中心に――
〈説述編〉

2005年10月11日　発行

著　者　加　藤　宏　文
発行所　株式会社　渓　水　社
　　　　広島市中区小町1－4（〒730－0041）
　　　　電　話（０８２）２４６－７９０９
　　　　FAX（０８２）２４６－７８７６
　　　　E-mail:info@keisui.co.jp